Business English

조동인 · 이중희

도서출판 진 영 사

Business English

조동인 · 이중희

2011년 08월 08일 초판인쇄
2011년 08월 10일 초판발행
발행인 박 진 영
발행처 도서출판 진영사
인천광역시 부평구 갈산동 16-22번지
전화 : 032)505-4207
팩스 : 032)505-4206
E-mail : 0183734207@hanmail.net
등록 : 122-91-77317

ISBN 978-89-6541-059-1 93740
값 12,000원

머리말

본 교재는 Business English에 늘 접하고 있거나 혹은 취업을 위해 Business English를 준비하는 학생과 직장인들을 위해 만들어졌다. 구성은 강의 파트와 샘플파트로 크게 나누었으며 강의한 내용을 샘플파트에서 적절한 샘플을 찾아 각 개인이 자신에게 맞는 부분을 적용해 볼 수 있도록 구성하였다. 강의파트는 총 16 Unit으로 되어있다. 샘플파트는 총 4 Unit으로 되어 있으며 현대 직장생활에서 많이 활용할 수 있는 실용 샘플을 위주로 구성하였다. 실질적인 예를 많이 실었으며 본 교재를 통해 공부하는 분들의 이해를 돕는 데 주안점을 두었다. 현직에 종사하는 전문가의 입장을 충분히 반영하여 현장감이 생생한 책이 되도록 노력하였다.

하루 하루 변화가 심한 현대 사회를 살아가는 취업준비생과 직장인들이 영어문서 작성에 길잡이가 될 이 책을 통해 성공적인 직장생활을 이끌어 가길 바라마지 않는 바이다.

2011년 6월

공저자 조동인, 이중희 씀

차 례

Part Ⅰ. Lecture Part

Part Ⅱ. Sample Part

Part Ⅰ

Lecture Part

unit 1 비즈니스 문서(Business document)의 이해 (1)

1 비즈니스 문서

1) 정의

비즈니스 문서(Business document)는 기업 간의 비즈니스 혹은 무역 거래와 일반 업무까지를 포함하여 쓰이는 포괄적인 형태의 글이다. 일반적으로는 비즈니스에 관련된 모든 형식의 글을 통칭하여 일컫는 말이다.

2) 비즈니스 문서의 종류

업무서신(Business Letter) 정보의뢰서(Requesting Information) 주문서(Ordering Goods) 비즈니스 미팅 신청서(Requesting Business Appointment) 자기 소개서(Personal Statement) 면접(Interviews) 계약서(contract), 광고(Advertisement)	비즈니스 상에서 쓰이는 거의 모든 문서가 이에 해당한다.

3) 업무서신(Business letter)의 양식

우리가 업무서신의 양식을 구분할 때는 크게 Block Style과 Indented Style로 나눈다. Block Style은 흔히 요즘 쓰는 스타일이며 들여쓰지 않고 날짜와 본문을 왼쪽에, 붙여서 쓰는 형식이다. Indented Style은 날짜 및 본문의 내용을 왼쪽 끝에서 한 칸 내지는 두칸을 들여서 쓰는 방식을 말한다.

◈업무서신 양식◈

① block style:수직식
② indented style: 사선식

가장 중요한 점은 **일관성**입니다. 여백과 간격 띄어쓰기, 글자 폰트 등을 일관되게 하여 깔끔하게 작성하는 것이 중요합니다.

4) 업무 서신(Business letter)의 요소

① 서두(Letterhead)

용지의 머리 부분에 회사의 이름, 주소 그리고 전화번호와 Fax 번호 등을 미리 적어 다른 회사에 보낼 때 발신 회사의 필요한 정보를 쉽게 인식할 수 있도록 인쇄한 부분이다.

예]

ABC COMPANY, LTD.
623 MAIN STREET
SAN FRANCISCO, CALIFORNIA 1324
TEL823-9567 FAX834-9676

June 7,2011

Mr. James Smith

② 날짜(Date)

회사마다 서두가 인쇄되어 나온 부분이라면 날짜부터는 편지 작성자가 적는 부분이다. 동양에서의 표현과 달리 영어권 날짜 쓰는 방식은 월, 일, 년의 순서이다. 월과 일 사이에는 콤마가 없고 연도 앞에는 콤마를 찍는다. 물론 서수의 형태로 쓸 수도 있다는 점을 기억하자.

ⓐ November 11, 2010

ⓑ November 11th, 2010

예]

ABC COMPANY, LTD.
623 MAIN STREET
SAN FRANCISCO, CALIFORNIA 1324
TEL823-9567 FAX834-9676

7 June, 2011

Mr. James Smith

③ 참조번호(Reference Number)

참조번호는 그야 말로 참조를 위한 번호이다. 요즘에는 많이 쓰지 않는 추세이다. 참고적으로 말해 두자면 편지나 문서의 고유번호인데 나중에 찾기 쉽게 하기 위한 목적에서 쓴다. 즉, 저장 및 검색의 효율성을 위해서 고유번호를 부여하는 것이다. 방법은 알파벳과 순자를 합쳐서 만드는데 편지나 서신을 작성한 사람의 첫 머리 글자를 붙이고 그 뒤에 나름의 규칙으로 숫자나 영문을 조합해서 만든다.

④ 수신인의 주소 및 성명(Inside & Outside Address)

Business letter에서 중요한 것 중에 하나는 수신인이다. 수신인을 적은 후 그 다음에 수신인의 해당 직위를 적는다. 그 뒤에는 주소를 적기도 하지만 요즘에는 주소를 적지 않기도 한다. 이름 다음에 적는 직위는 정확히 써주는 것이 상대방에 대한 예의

이다. 직위를 모를 때는 해당 기관에 물어서 확인하는 것도 좋은 방법이다. 이름이나 직위를 쓸 때 철자를 틀리는 일이 없도록 항상 조심해야 한다.

예]

ABC COMPANY, LTD.
623 MAIN STREET
SAN FRANCISCO, CALIFORNIA 1324
TEL823-9567 FAX834-9676

7 June, 2011

Mr. James Smith
Head of Production Department
HAPA Corporation System
71 Victoria Road
New York, NY 87911

Dear Mr. Smith:

◈ 생략형 ◈

Mr. Keith Parkins
Sales Manager
AGH Product Inc.
Block A-21
RU Business Center
253 Digital Avenue
Red Valley, CA 9001
U.S.A.

↓

Mr. Keith Parkins
Sales Manager
AGH Product Inc.
Red Valley, CA
U.S.A.

주소가 너무 길어 보기 좋지 않을 때에는, 주소를 생략할 수 있어요! 위의 예에서 확인할 수 있듯이 비즈니스센터명, 비즈니스 센터 내의 번호, 거리명, 번지, 우편번호를 생략하고, 회사명, 시명, 주명, 국명 수신인, 직책만을 작성할 수 있습니다.

◈ 직위 영문명칭 ◈

직위	영문명칭
회장	Chairman
부회장	Vice Chairman
사장	President
부사장	Senior Executive, Vice President
감사	Auditor General
고문, 자문	Advisor
부장	General Manager
본부장	Director
과장	Manager
기사	Engineer

⑤ 서두인사(Salutation)

인사말을 쓸 때는 수신인 란으로 부터 두 줄 내려와서 적는다. Dear를 쓰는 부분이 인사부분이다. 콜론(:)을 쓰기도 하고 콤마(,)를 쓰기도 하는데 콤마를 쓰는 경우가 더 많은 추세이다.

예]

ABC COMPANY, LTD.
623 MAIN STREET
SAN FRANCISCO, CALIFORNIA 1324
TEL823-9567 FAX834-9676

7 June, 2011

Mr. James Smith
Head of Production Department
HAPA Corporation System
71 Victoria Road
New York, NY 87911

] 두 줄 정도
] 내려온다.

Dear Mr. Smith:

ⓐ 특정인의 이름을 모르거나 쓸 수 없을 때

To Whom It May Concern:

ⓑ 회사로 편지를 보낼 때

Gentlemen or Ladies:
Ladies or Gentlemen:

ⓒ 부서의 여성 혹은 남성들에게만 보낼 때

Dear Ladies:

Ladies:

Dear Sirs:

Gentlemen:

ⓓ 비공식적일 때

Dear Jim

수신인		남자	여자
개인	모르는 사람	Dear Sir:	Dear Madam:
	아는 사람	Dear Mr. Robert:	Dear Ms: Dear Maam:
기관 또는 단체		Dear Sirs: Gentlemen:	Ladies:

수신자			경칭	예
남자	단수		Mr.	Mr. James Park
	복수		Messrs.	Messrs. Kang and Park
여자	기혼	단수	Mrs.	Mrs. James Joyce
		복수	Mmes.	Mmes. Kang and Park
	미혼	단수	Miss	Miss James Joyce
		복수	Misses	Misses Jane and Kang
	기혼 미혼	단수	Ms.	Ms. James Joyce
		복수	Mese/Ms's	Mese James and Janet Parkerson

◈ 부서 영문명칭 ◈

기획실	Planning Dept
고객 만족실	Customer Satisfaction Dept
총무부	General Affairs Dept
경리부	Accounting Dept
시설 관리부	Facilities Management Dept
국내 물류부	Logistics Management Dept
물류 개발부	Logistics Dept
항공 업무부	Air Operation Dept
항공 영업부	Air Sales Dept
해외 업무부	International Operation Dept
해외 영업부	International Sales Dept
해외 사업부	International Development Dept
E-Biz부	E-Business Dept

⑥ 서신의 제목(Subject Heading)

서신의 제목은 우리말의 "안건"이라고 표현하는 것이 적절하다. 보통 subject 대신에 참조번호를 쓰기도 한다. 쓰는 위치는 인사말을 적은 후 두줄 아래의 가운데나 혹은 약간 왼쪽편에 적어둔다.

ex) Mr. Min-sung Park's Application for an opening
(박민성씨의 응시원서)

⑦ 본문(Body of the Letter)

본문을 쓸 때는 철자가 틀리지 않고 정확한 표현으로 쓰도록 노력해야 한다. 공식적인 문서이기 때문에 영문으로 작성시에 필요하다면 사전을 참조하는 것이 요구된다. 인사말 다음에는 두 줄 내려와서 본문을 작성하며 본문에서 문장이 바뀔 때는 보통 한 줄을 띄운다. 콤마를 쓸 때는 그 다음에 한 칸을 띄우도록 한다.

예]

ABC COMPANY, LTD.
623 MAIN STREET
SAN FRANCISCO, CALIFORNIA 1324
TEL823-0567 FAX831-0676

7 June, 2011

Mr. James Fryer
Head of Production Department
KATA Corporation System
82 Pine Road
Pennsylvania, PA 67923

Dear Mr. Fryer:
] 두 줄 정도
] 내려온다.
We are happy to inform you that we are opening our branch in Pennsylvania next Friday, June 15.
] 한 줄 여백 둔다.
Due to the benefit of the opening, we are able to cut back distribution costs. We believe this will greatly benefit you and your company.
] 한 줄 여백 둔다.
The address of the Pennsylvania branch wil be: 82 Pine Road, PA 67923. The phone number will be: 3679-2831. Please feel free to contact us if you have questions any time.

의미 ▶

We have pleasure in informing you that we are opening our factory in Pennsylvania next Friday, June 15. next Monday, June 15.
6월 15일 금요일 펜실베니아에 우리의 지사를 열게 되었음을 귀하에게 알리게 되어 매우 기쁩니다.

Due to the benefit of the opening, we are able to cut back distribution costs. We believe this will greatly benefit you and your company.
뉴욕지사의 오픈으로, 우리는 유통비용을 감소할 수 있게 되었습니다. 이는 당신과 당신의 회사에 좋은 혜택이 될 거라 믿습니다.

The address of the Pennsylvania branch wil be: 82 Pine Road, PA 67923. The phone number will be: 3679-2831. Please feel free to contact us if you have questions any time.
펜실베니아의 주소는 82 파인로드 PA 67923입니다. 전화번호는 3679-2831입니다. 주저마시고 언제든지 연락주세요.

⑧ 결구(Complimentary Close)

본문을 쓴 후에는 예의를 갖추어 결구를 쓴다. Complimentary라는 표현이 칭찬의 의미를 갖는 것처럼 마무리는 상대방을 존중해주고 기분좋게 해 주어 매듭짓는다고 생각하면 된다.

예]

ABC COMPANY, LTD.
623 MAIN STREET
SAN FRANCISCO, CALIFORNIA 1324
TEL823-9567 FAX834-9676

7 June, 2011

Mr. James Fryer
Head of Production Department
KATA Corporation System
82 Pine Road
Pennsylvania, PA 67923

Dear Mr. Fryer:
] 두 줄 정도
] 내려온다.
We are happy to inform you that we are opening our branch in Pennsylvania next Friday, June 15.
] 한 줄 여백 둔다.
Due to the benefit of the opening, we are able to cut back distribution costs. We believe this will greatly benefit you and your company.
] 한 줄 여백 둔다.
The address of the Pennsylvania branch wil be: 82 Pine Road, PA 67923. The phone number will be: 3679-2831. Please feel free to contact us if you have questions any time.
] 두 줄 정도
] 내려온다.
Sincerely yours,

◈ 맺음말의 종류 ◈

ⓐ 공식적인 것 :

Respectfully yours,
Yours respectfully,
Very truly yours,
Yours very truly,
Truly,

ⓑ 일반적인 것 :

Sincerely (yours),
Cordially yours,
Yours cordially,
Very sincerely,

ⓒ 비공식적인 것 :

Regards,
Thanks, With my thanks
With kindest regards,
With my best regards,
With my best,

⑨ 서명(Signature)

서명은 signature라고 한다. 영어의 sign은 '서명하다'의 동사이다. 명사로 쓰일 때는 'a traffic sign'처럼 표지 혹은 표지판이라는 의미이다. 서명은 이름 다음에 하는데 서명은 수신자에 대한 예의로써도 필요한 부분이다.

예]

ABC COMPANY, LTD.
623 MAIN STREET
SAN FRANCISCO, CALIFORNIA 1324
TEL823-9567 FAX834-9676

7 June, 2011

Mr. James Fryer
Head of Production Department
KATA Corporation System
82 Pine Road
Pennsylvania, PA 67923

Dear Mr. Fryer:
] 두 줄 정도
] 내려온다.
We are happy to inform you that we are opening our branch in Pennsylvania next Friday, June 15.
] 한 줄 여백 둔다.
Due to the benefit of the opening, we are able to cut back distribution costs. We believe this will greatly benefit you and your company.
] 한 줄 여백 둔다.
The address of the Pennsylvania branch wil be: 82 Pine Road, PA 67923. The phone number will be: 3679-2831. Please feel free to contact us if you have questions any time.

Sincerely yours,

] 두 줄 정도

] 내려온다.

Jang Suk Hyun
General Manager

ⓐ 본인의 경우 :

Kyungwoo Chang
Kyungwoo Chang, President
KATA Trading Co., Ltd.

ⓑ 대리인의 경우 :

타이핑하는 이름 앞에 for, by, per를 붙인다.
D.I. Kim for Kyungwoo Chang, President
KATA Trading Co., Ltd.

⑩ 서신 작성자 확인(Identification Initials)

서신을 작성한 사람과 이를 타이핑하는 사람이 다를 경우에 구분하기 위한 확인 작업이라고 판단하면 된다. 예를 들어 서신자가 Min Sung Park이고 타이핑한 사람이 Woo Joo Kang 이면 이니셜만 따서 콜론(:)을 쓰거나 슬래시(/)를 써주면 된다.

ⓐ MSP:WJK
ⓑ MSP/WJK

예]

Sincerely yours,

Jang Suk Hyun
General Manager

JSH:SK

Enc.

⑪ 동봉물 표시(Enclosure Notations)

서신이나 편지를 쓴 후에 동봉물을 담을 경우가 있다. 이때는 "Enc."라고 표현하는데 이는 "Enclosed" 혹은 "Enclosure"의 의미이며 동봉되었음을 말한다. 두건의 동봉물이 있으면 Two Enc. 라고 표시한다.

예]

Sincerely yours,

Jang Suk Hyun
General Manager

JSH:SK
] 두 줄 정도
] 내려온다.
Enc.
CC: David Kang

⑫ 사본 배부 표시(Carbon Copy Notation)

서신을 작성한 후 다른 사람에게 같은 내용을 고지하거나 통보해야 하는 경우는 사본을 작성했다는 표시를 하게 된다. 사본 작성의 의미로 CC라는 표현을 쓰는데 이는 Carbon Copy의 이니셜만 딴 것으로 사본 작성되었음을 말한다.

ex) CC: David Kang

예]

Sincerely yours,

Jang Suk Hyun
General Manager

JSH:SK

Enc.
CC: Edwin James

⑬ 추신(Postscript)

서신을 작성하다 보면 미쳐 빠트리거나 생략된 부분이 있을 수 있다. 이때는 P.S. 라고 쓰고 내용을 적으면 된다. 물론 중요한 부분을 강조하기 위해서 P.S.를 작성하는 경우도 있다.

예]

Sincerely yours,

Jang Suk Hyun
General Manager

JSH:SK

Enc.
CC: Edwin James

P.S. : We are sending you both of the sample list and the current price.

의미 ▶

P.S. : We are sending you both of the sample list and the current price.

추신: 샘플목록과 현재 가격 둘 다 보내드립니다.

[[완성된 비즈니스 레터]]

ABC COMPANY, LTD.
623 MAIN STREET
SAN FRANCISCO, CALIFORNIA 1324
TEL623-9567 FAX834-9676

7 June, 2011

Mr. James Fryer
Head of Production Department
KATA Corporation System
82 Pine Road
Pennsylvania, PA 67923

Dear Mr. Fryer:

We are happy to inform you that we are opening our branch in Pennsylvania next Friday, June 15.

Due to the benefit of the opening, we are able to cut back distribution costs. We believe this will greatly benefit you and your company.

The address of the Pennsylvania branch wil be: 82 Pine Road, PA 67923. The phone number will be: 3679-2831. Please feel free to contact us if you have questions any time.

Sincerely yours,

Jang Suk Hyun
General Manager

SKY:JSH

Enc.
CC: Edwin James

P.S. : We are sending you separately the price list and samples.

[[간단한 비즈니스 레터]]

March 16, 2010

Hooton Bluechips Company
854 Jackson RD
New Jersy, NJ 88003

Dear sir :

We had an opportunity to see your products demonstrated at the International Computer Show. We want to import your quality components from your company.

Please send us your price quote and inform us about your delivery times, terms of payment, and details of any available discounts.

We would appreciate if you would forward all the requested information above.
Thank you.

Yours truly,

David Kang
Purchasing Manager

unit 2 비즈니스 문서(Business document)의 이해(2)

비즈니스 문서 중 가장 많이 쓰이는 것 중에 하나가 업무서신(Business letter)이다. 업무서신은 비즈니스 주체간의 공식 문서로서 양식에 맞추어 작성해야 하는데 이때 letter를 담아 보내는 봉투 또한 나름대로의 형식과 내용에 맞게 작성하여야 한다.

① 봉투 쓰는 법 (Writing on an envelope)

1) 발신인의 주소

발신인의 주소는 봉투 왼편 위 상단에 쓴다. 대개의 경우 인쇄하여 사용한다. 또한 수신인이 틀리거나 받을수 없어서 반송되는 경우도 있어서 발신인의 주소는 반송 주소(return address)로 표현하기도 한다. 수신 주소=반송주소인 것이다.

Choi In-Soo
ABE International Product, Inc.
3645 Samseong-dong,
Gangnam-gu,
Seoul (130-858)
Korea

우편번호의 표기는 괄호 없이 번호만 써도 무방하다.

Incheon (120-758) : OK

Incheon 120-758 : OK

2) 수신인의 주소

수신인의 주소를 쓸 때는 가로 중심선을 중심으로는 약간 아래쪽에다가 그리고 세로로 보았을 때는 역시 중심선에서 왼쪽 편에 가깝게 쓴다. 또한 첫줄을 시작할 때는 주소의 왼쪽 편이 Block이 되도록 한다. 주소를 쓸 때는 반드시 작은 단위부터 큰 단위로 옮겨 간다고 생각하면 쉽다. 가장 먼저 성명을 적는다. 그 다음 줄에는 번지와 거리 및 지역을 쓴다. 그 다음 줄에 도시, 주, 국가이름을 쓴다.

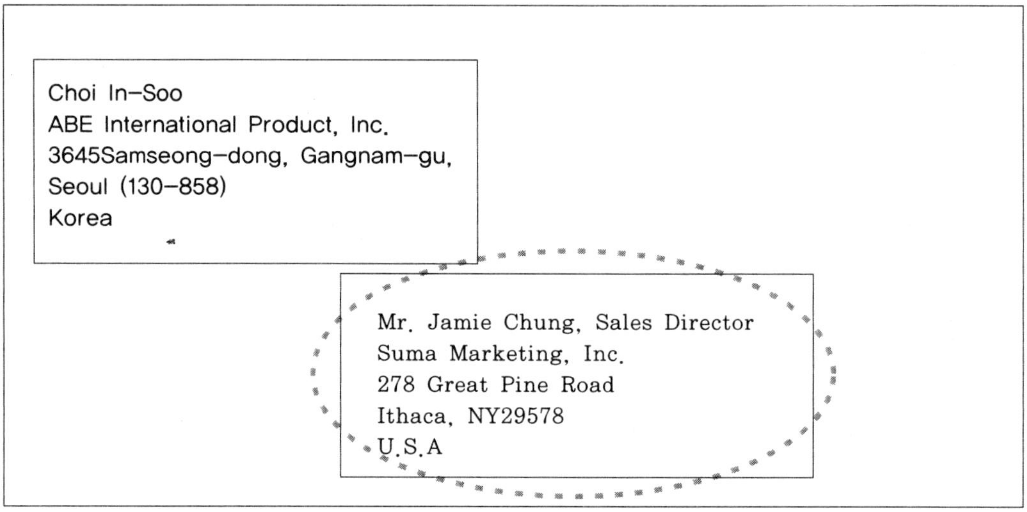

Mr. Jamie Chung, Sales Director Suma Marketing, Inc. 278 Great Pine Road Ithaca, NY29578 U.S.A	수신인 성명, 직명 회사명 번지, 건물 내의 호수 시명, 주명, 우편번호 국명

또 다른 예]

MG Production Inc. Block A-51 KB Business Center 893 Oak Avenue Black Valley, CA 89002 U.S.A Attention : Mr. Jamie Kang, Sales Director	 번지 시명, 주명, 우편번호 국명 어텐션 : 수취인 성명 직명

③ 지정사항

유의사항이나 지정사항등은 왼편 아래에 씀으로써 눈에 잘 띄게 한다.

특정인 성명표시	Attention: Mr. Jamie Kang
우편배달 경로	VIA AIR MAIL
	PAR AVION
	SURFACE MAIL
우편배달 종류	REGISTERED MAIL
	EXPRESS DELIVERY
	EXPRESS SPECIAL DELIVERY
동봉물 내용표시	PRINTED MATTER
	PHOTO ONLY
	SAMPLE
	PARCEL POST
배달증명	CERTIFIED MAIL

표현과 의미▶

Via Air Mail: 항공우편
Par Avion: 항공우편
Surface Mail: 선편
Registered Mail: 등기
Express Delivery:속달
Express Special Delivery: 특별속달
Printed matter: 인쇄물
Photo only: 사진 재중
Sample : 견본
Parcel post: 소포

④ 취급방법

친전	PRIVATE
	CONFIDENTIAL
	PRIVATE ADN CONFIDENTIAL
	PERSONAL
극비취급	STRICT CONFIDENTIAL
지급	URGENT
	RUSH
	IMMEDIATE
전송	PLEASE FORWARD

우편방법 지정사항이나 취급방법 모두 대문자로 기입한다!

⑤ 봉투 주소 관련 약어

Ave.(Avenue)	세로 간선도로
Blvd.(Boulevard)	가로간선도로
Rd.(Road)	지선 도로
St.(Street)	거리
Lane	좁은 길
Pl.(Place)	장소
Bldg.(Building)	건물
Div.(Division)	부서
Dept.(Department)	부
Corp.(corporation)	법인
Co.(Company)	회사
Inc.(Incorporated)	주식회사
Ltd.(Limited)	주식회사
Assn.(Association)	협회
P.O.B.(Post Office Box)	우체국 사서함

⑥ 항공서간

항공서간(Aerogramme)은 접으면 봉투가 되며, 우표가 미리 인쇄되어 있다. 일반적인 항공서신보다 저렴하지만 동봉물은 넣을 수가 없다. 비즈니스에서는 거의 사용하지 않지만, 개인적인 친분을 위한 편지로는 적합하다.

⑦ 영문봉투 작성

Return Address
발신인 주소

Stamp
우표

On Arrival-Notation
수신인에게의 지시

Mailing Address
수신인 주소

Special Mailing Notation
우편방법제시

(발신인 주소)
137-070
서울시 서초구 서초동 1597-7 AM 빌딩
에이엠 모터스 (주)

(우표)

(수신인 주소)
135-855
서울시 강남구 도곡동 도곡아파트
3동 1290호 김 장수 귀하

↓

(Return Address)
AM Motors, AM Bld,
1597-7 Seocho -dong
Seocho-gu, Seoul 137-070, Korea

Postal Stamp

(On arrival-notation)
CONFIDENTIAL

(Special mailing notation)
REGISTERED MAIL

(Address Block)
Mr. Jangsu Kim
1290 ho 3 dong, Dogok apt,
Dogok-dong, Gangnam-gu,
Seoul 135-855, Korea

unit 3 기본적인 비즈니스 문서 작성하기(1)

실제 비즈니스 업무 상황을 가정하여 영작을 해보자. 비즈니스 문서에서 가장 많이 쓰이는 것 중 하나가 "주문서"인데 실 예를 들어 작성해 본다.

1 주문서(Ordering Goods)

서종국 사장님께

귀사의 제품목록을 받았습니다. 아래의 물품을 처음으로 주문하고자 합니다. 물품 번호와 가격은 귀사가 보낸 목록에 나와 있는 대로입니다.

물품번호	물품명	단가	수량	합계
88725	스테이플러	$3.00	300	$900
88965	포스트잇	8/상자	100상자	$800
88279	공책	3.00	1000	$3.000
				$4,700
			세금	200
			선적	100
			총계	$5,000

10%의 착수금 $500을 요구하신 대로 동봉합니다. 잔액은 물품을 받으면 보내드리겠습니다. 주문품을 신속히 처리해주시면 감사하겠습니다. 가까운 장래에 귀사와 더 많은 업무를 계속하기를 바랍니다.

제이슨 팍스
구매부장

② 영작해설

	Business letter는 먼저 날짜부터 쓴다. 편지를 쓴 날짜가 2010년 12월 12일 이면 December 12, 2010 라고 쓴다. 월 일, 년 순으로 쓴다. 월 하고 일 사이에는 콤마를 사용하지 않는다.
	귀사는 your company라고 한다. 제품목록은 the product catalog 혹은 catalog 라고 한다. 두 번째 주문은 서수표현이므로 the second order 라고 한다.
	물품번호: item number,　물품명: item name, 단가: unit price, 수량: quantity 합계: total로 표현한다.
	착수금은 down payment 라고 하며 동봉한다는 표현은 "be enclosed"를 활용하여 표현한다.
	잔액은 remainder라고 하며, "잔액은 영수한 즉시 보내드린다"라는 표현은 The remainder will be sent/forwarded upon/receiving the ordered goods. 로 쓴다.
	주문품은 order라고 한다. "주문품을 신속히 처리해주시면 호의에 감사하겠습니다."에서 호의는 courtesy라고 하며, 신속히 처리하다는 expedite를 활용한다. 문장으로 표현하면 Any courtesy you can offer us in expediting this order will be appreciated로 쓸 수 있다.
	"~더 많은 업무를 계속하다"라는 표현은 do more business with~~를 활용한다.

③ 영문 주문서 완성

December 12, 2010

Mr. Jongkuk Seo
CEO
Kasa Trading co.
599 Gwanak-ro, Gwanak-gu,
Seoul 151-745, Korea

Dear sir

We received your product catalog and would like to place the second order for the following merchandise. Item numbers and prices are the same from the product catalog you have sent.

Item	Item Name	Unit Price	Quantity	Total
86724	stapler	$3.00	300	$900
86696	postit	7.99/Box	72Boxes	$800
83516	calendar	$300	1000	$3,000
				$2,687.78
			Tax	174.71
			Shipping	54.50
			Total	$2,916.99

The required 10% down payment of $500 is enclosed. The remainder will be forwarded upon receiving the ordered goods.

Any courtesy you can offer us in expediting this order will be appreciated. We anticipate doing much more business with you near in the future.

Very truly yours,

Jason Pox
Purchasing Manager

unit 4 기본적인 비즈니스 문서 작성하기(2)

1 비즈니스 미팅 신청서 작성하기 (Requesting an Appointment)

비즈니스 미팅은 회사 대 회사, 개인 대 회사, 개인 대 개인 등 비즈니스 주체들 간의 만남을 통해 비즈니스를 진행시키고 성사시키는 중요한 과정 중에 하나이다. 비즈니스 미팅 신청서 작성의 전형적인 예시를 통해 비즈니스 미팅 신청서를 실지로 영작해 본다.

2 비즈니스 미팅 신청서 작성하기 (Requesting an Appointment)

파머슨 여사 귀하

안녕하십니까. 가능하시다면 귀하와 사업계획서에 대해서 의견을 교환하고자 합니다. 연말까지 이 프로젝트에 대한 의견교환을 마무리 하고자 합니다. 괜찮으시다면 오는 9월 20일 목요일 2시에 저희회사 회의실 508호에서 회의를 하는 것은 어떠실지요? 만약 필요하시다면 시간조정을 위해 연락 주십시오. 전화 032-870-2378 혹은 휴대폰 010-860-2378로 연락주시면 됩니다.

에딘 조르단
홍보부장

③ 영작 해설

	우선 날짜부터 쓴다. 편지를 쓴 날짜가 2010년 6월 22일 이면 June 22nd, 2010 라고 쓴다. 날짜는 기수와 서수 상관없이 쓸 수 있으나 보통은 서수로 쓴다. 그리고 월 일, 년 순으로 쓰며 월 하고 일 사이에는 콤마가 없다.
	귀하는 Dear라는 표현으로 대신한다. Dear Mrs. Parmerson이라고 하며 Dear Mz Parmerson이라고 해서 Ms와 Mrs의 구분을 하지 않기도 한다.
	미팅의 의미는 여러 가지가 있다. 일반적으로 appointment는 약속과 장소를 정하여 만나는 것이고 meeting은 만남 그 자체를 의미한다. 또한 assembly는 공식적인 모임을 의미하고 promise는 말 그대로 미래의 약속을 의미한다. 시간과 장소를 정하여 만나는 것이므로 여기서는 appointment라고 해야 한다.
	사업계획서는 "project plan"이라는 표현을 쓴다. "의견을 교환하다"라는 표현은 have a talk 혹은 exchange opinions를 활용한다. "연말까지 의견교환을 마무리하다"는 finish exchanging opinions on this project by the end of year 라고 하면 된다.
	"오는 9월 20일 목요일 오후 2시 저희 회사 회의실에서 회의를 하는 것은 어떠실지요?"에서 "오는 9월 20일 목요일 오후 2시"은 on this upcoming을 활용하자. 그리고 요일, 월, 일, 시간 의 순으로 영작한다. 따라서 on this upcoming Thursday, September 20th, at 2: 00 p.m.으로 하면 된다.
	"만약 필요하시다면 시간조정을 위해 연락주십시오" "전화 032-870-2378 혹은 휴대폰 010-870-2378로 연락주시면 됩니다." 의 표현에서 If you need any coordination of meeting time을 활용하다. 조정이나 조절이라는 단어는 coordination을 쓴다. "연락하다"라는 표현은 contact이나 approach를 이용하면 된다. 전화나 휴대폰 둘 중 하나라는 표현을 쓰고 싶으면 "either A or B"의 형태를 이용한다.

4 영문 주문서 완성

June 22, 2010

James Parmerson Manager
KATON Decorations Co.
493 Laporta
Lafayett, CA 82370

Dear Mrs. Parmerson

Good morning. If it is possible I would like to have a talk concerning the project plan.
I hope to finish exchanging opinions on this project by the end of year. How would like to have a meeting on this upcoming Thursday, september 20th at 2: 00 p.m at the meeting room No. 508?

If you need any coordination of meeting time, please contact me.
You can approach me either 032-870-2378 or mobile 010-870-2378.

Sincerely yours,

Edin Jordan
Public Relations Manager

unit 5 이력서의 이해 (1)

영문이력서

1 의의

한 개인의 인생 역사라고도 할 수 있으며 개인의 교육정도, 특기, 직장경험을 표현하여 현재까지의 자신의 모습을 기술한 것이 바로 이력서이다. 이력서를 영어로는 Resume 혹은 Curriculum Vitae라고 하며, 신문 잡지의 구인광고(wanted) 등의 지침에 따라 이력서를 제출한다. 요즈음은 대부분의 회사가 Internet을 통해 구직자를 모집하고 이력서를 받는 추세이다. 우리와는 달리 외국기업은 연중 이력서를 접수하기 때문에 구직을 목표로 하는 사람은 평소에 이력서 쓰기 연습을 통해 잘 쓰여진 이력서를 준비해 놓고 있어야 한다.

2 이력서 작성 방법

영문 이력서는 국문 이력서와는 달리 일정한 양식이 없다. 하지만 일정한 규칙은 있다. 이력서를 작성할 때는 한국식 사고방식에서 벗어나야 하며 기술 순서도 우리와는 달리 최근의 사건부터 기술하는 것이 나름의 규칙이다. 반드시 MS word나 아래한글로 작성한다. 하지만 외국계 기업에 제출할때는 MS word로 작성해서 제출하는 것이 좋다. 그리고 E. O. E.(Equal Opportunity Employer)를 회사마다 분명히 하고 있기 때문에 특히 외국계 기업은 키나 나이와 같은 신체적인 내용이나 종교 사항을 기재하지 않아도 된다.

3 내용

1) 개인정보 (Personal Data)	이력서의 상단에 이름, 우편번호가 포함된 주소, 전화번호 및 개인에 대한 관련 정보를 기입한다.
2) 희망직종 (Professional Objective)	희망 직종이나 직급을 표기하며 이력서와 모집공고의 방향을 말하는 부분이다.
3) 이력/ 경력 (Work Experience, Employment History, Professional Experience)	이력서의 핵심이 되는 부분으로 최근의 경력부터 쓰고, 해당회사가 요구하는 업무내용과 관련 있는 경력을 돋보이도록 기술한다. 학생인 경우는 학력사항이 경력보다 우선한다.
4) 학력 (Education)	가장 최근에 취득한 (학위)과정을 먼저 기술한다. 보통 학교명, 소재지 그리고 전공의 순서로 적어 나가되 대졸인 경우 특별한 언급이 없을시 고등학교 학력을 쓰지 않는다.
5) 자격 (Qualifications)	개인의 자격과 능력을 밝힌다. 여기에는 군대경력(Military Service), 상벌관계(Award or Honor), 자격증(Certification), 언어(Languages), 기술(Skill), 기타 경력(Other Experience) 을 기술한다.
6) 활동경력 (Activities)	학교의 동아리 경험이나 취미활동 그리고 특이한 활동 경력을 기술하되 역시 최근 순서로 적는다.
7) 추천 혹은 신원보증 (References)	신원보증을 위한 추천서를 요구하는 경우가 많다. 보통은 최대 3人까지 보증인을 요구하는데 제공가능한 신원보증인을 적는다.

④ 영문 이력서의 보기

David Park
34 Times Ave,
Tulson, CA 36712
(872) 569-2489

Professional Objective: To obtain an entry-level position of a marketing company

Education: University of California, Los Angeles, CA
B.A. May 2002
Major－Accounting
Grade point average－3.66/4.0 in major field of study
Related course work－18hours of Accounting
15 hours of Marketing

Work Experience: May 2006－present
Samson Electronics Corporation, LA, CA
Bookkeeper/Sales (part-time)
Responsible for balancing accounts, general ledger, company payroll.
Worked with company accounting managers in formulating corporate taxes.
December 2004 – December 2005
Hyndai Hynext, LA, CA
Assistant Manager
Responsible for taking care of defective semiconductor

Activities: California Golf Player of the year (2002)
Member of American Golf Association

References are available upon request

unit 6 기본적인 이력서 작성하기 (1)

1 이력서 작성시 유의사항

이력서는 Resume 혹은 Curriculum Vitae라고 하는데 중요한 것은 반드시 순서가 정해져 있고 가장 최근 것부터 쓴다는 것이 핵심이다. 개인정보(Personal Data), 희망 직종(Professional Objective), 이력/경력(Work Experience, Employment History), 학력(Education), 자격(Qualifications), 활동경력(Activities), 추천(References) 순으로 사실내용에 입각하여 기술한다.

② 이력서 작성하기

〈이력서〉

이름: 강 민 석
생년월일: 1984년 7월 27일
주소: 153-278 인천시 남구 용현동 253 번지 동아 아파트 3 동 609호
전화: 032-870-6790/ 010-278-0956

목표 : 귀 회사의 마케팅 부서에 지원합니다.
학력 : 아리조나 대학에서 마케팅을 전공하여 2007년 5월 성적 우등생(Cum Laude)으로 B.B.A(Bachelor of Business Administration) 학위를 받았습니다. 전공 학점평균이 4.0점 만점에 3.85를 유지했으며 관련 전공 분야 인 회계학(18시간)과 경제학(16시간)을 수강했습니다.

경력 : 2009년 5월~현재
ABC 전자회사에서 경리 및 영업부문을 시간제 근로자로 일하면서 담당했으며 봉급 지불의 업무를 수행하였습니다. 또한 법인세에 관련하여 회계사를 도왔으며 전자부품의 구매와 판매에 종사하였습니다.

활동 및 수상 경력 : 4년 장학생이었으며 미국야구협회 회원이었습니다.
추가사항 : 업무로 인한 출장이나 전근에 문제없음.
신원 보증서는 요청하시면 제출 가능합니다.

3 이력서 영작 해설

	이력서는 개인정보(Personal Data)를 가장 먼저 적는다. Personal Data라고 쓰고 그 아래에 이름 및 주소 등 인적사항을 기입한다. 주소는 작은 단위부터 큰 단위로 쓴다.
	목적은 Professional Objective라고 표현하면 되고 부정사 표현으로 써서 To+동사원형 형태로 쓴다. 가령 "귀 회사의 마케팅 이사직에 지원합니다"을 표현 한다면 To obtain the position of marketing director in your company라고 쓴다. 여기서는 "귀 회사의 마케팅 부서에 지원합니다." 이므로 To obtain the position of marketing in your company라고 표현하면 된다.
	학력은 Education 이라고 쓰는데 가장 최근 것부터 쓴다. 박사학위는 Ph. D. 라고 하고 석사는 MA 혹은 Master's Degree를 학사는 BA 혹은 Bachelor's Degree라고 표현한다. 또한 성적 우등생은 Cum-laude라고 표현한다.
	관련과목은 Related Course라는 표현을 쓴다.
	경력사항은 Work Experience라고 하는데 역시 가장 최근 것부터 쓴다. "회계일을 하였다"는 표현은 worked as a bookeeper 라고 쓸 수도 있지만 간략하게 bookeeper라는 명사형으로 표현하는 것이 좋다. "회사 급여 지급의 업무를 담당하였다"는 표현은 "Responsible for taking care of company payroll"을 활용한다. 급여, 급여명부=payroll이라고 한다. salary는 일반적으로 급여를 지칭하지만 급여명부를 관할한 것이므로 payroll이라는 표현이 적절하다.
	활동 및 수상 경력은 Activities and Honors라고 쓰면 된다. 이것도 역시 최근 것부터 쓰는데 "4년 장학생이었다" 는 표현은 Four-year scholarship awardee라는 표현을 쓰면 된다.
	추가사항은 Comments라고 쓰고 그 내용을 기술한다. 그리고 "신원보증서는 요청하시면 제출 가능합니다."는 간단하게 "References will be furnished upon request" 혹은 "References will be available upon request"라고 표현한다.

④ 이력서 영작

Personal Data
Minsuk Kang
609 ho 3 dong Dong-a apt,
253 Yonghyn-dong, Nam-gu
Incheon 153-278, Korea
(032) 870-6790/mobile: 010-278-0956

Professional Objective
To obtain the marketing position in your company

Education
University of Arizona, Tucson, Arizona
B.B.A. May 2007 - Cum Laude
Major - Marketing
Grade point average - 3.85/4.0 in major field of study
Related course work - 18 hours of Accounting/16 hours of Economics

Work Experience
May 2009 - present
ABC Electronics Corporation, Tucson, Arizona
Bookkeeper/Sales (as part-timer).
Responsible for taking care of company payroll.
Worked with company accountants concerning company taxes.
Participated in purchasing and sales of electronic components.

Activities and Honors
Four-year scholarship awardee.
Member of American Baseball Congress (A.B.C.)

Comments
Willing to travel and/or relocate

References will be furnished upon request

unit 7 기본적인 이력서 작성하기 (2)

1 한글 이력서와 영문 이력서의 차이

한글 이력서	영문 이력서
▣ 사진 부착 ▣ 개인정보 요구함(주민등록번호 포함) ▣ 과거부터 현재까지 순차적으로 기술 ▣ 가족 및 결혼 여부등의 사생활정보 요구함	▣ 사진 부착 하지 않아도 됨 ▣ 개인 정보 요구하지 않음 ▣ 현재부터 과거까지 거슬러 기술 ▣ 사생활 정보 요구하지 않음

2 이력서 작성 시 유의사항

개인정보의 기입방식도 다양하다. 보통 미국 회사에 지원할 때는 개인의 나이 등을 적지 않아도 되지만 한국에 들어온 외국계 회사들은 한국인 매니저들도 많고 운영방식도 한국적인 정서가 바탕이 되는 경우가 많기 때문에 생년월일을 요구하기도 한다. 생 년 월일은 이름 바로 밑에 적어 두면 되겠다. 그리고 영문 이력서는 반드시 가장 최근 것부터 기술하여야 함을 잊지 말자.

3 이력서 작성하기

〈이력서〉

이름: 최 정 식

생년월일: 1971년 3월 16일

주소: 163-280 서울시 동작구 동작동 72-2 아주 아파트 5동 308호

전화: 02-746-2034

(희망 직종) 세화 스포츠 센터 관장직에 지원합니다.

(교육 사항)

1998. 03 - 2001. 02 부안고등학교 입학, 졸업

2001, 03 - 2006, 02 전주 대학교 체조학과 입학, 졸업

(이력사항)

2006, 03 - 2008, 12 신성볼링센터 영업부 입, 퇴사

2009, 06 - 2010. 08 카보드 볼링센터 영업과장 입, 퇴사

2010. 08 - 2010. 12 왕궁 볼링프라자 영업부장 입,퇴사

2011. 01 - 현재 인천 국민 체육관 부장으로 근무중

(표창 경력)

2004. 04. 29 핀 스포츠 챔피언쉽 우승

2005. 01. 04 제35사단장 표창장 수여

(군 경력)

2003, 12, 25 - 2005, 12. 24 제 35사단 행정병 입대 및 제대

(추가 사항) 연봉 협상 가능합니다.

4 이력서 영작 해설

	역시 개인정보(Personal Data)를 우선적으로 적는다. Personal Data라고 쓰고 그 아래에 이름 및 주소 등 인적사항을 기입하며 생년월일을 기입할 필요가 있으며 이름 밑에다 기입한다. 가령 1981년 3월 16일 생이면 Born in March 16th, 1981 이라고 적는다. 날짜는 서수 혹은 기수 둘 다 가능하다.
	목적(Professional Objective)에서 장소를 표현하려면 전치사 at을 붙인다. 가령 "세화 스포츠 센터 관장직에 지원한다"에서 at Sehwa Sports Center라고 쓰면 되고 "To obtain the position of Sehwa Sports Center"라고 표현한다.
	교육사항은 Education을 말하며 체조학과는 the department of Gymnastics이다. "체조가 전공분야" 의 표현은 "the major field of Gymnastics"이다.
	영업부는 the department of sales 혹은 the sales department라고 하며 영업부장은 sales manager이다.
	이력사항은 경력사항을 말하며 Work Experience라고 쓰면 되는데 가장 최근에 했던 것부터 쓴다.
	표창경력은 수상경력을 말하며 Activities and Honors라고 쓰면 된다. 이것도 가장 최근 것부터 쓰는데 "핀 스포츠 챔피언십 우승"은 "winner of Pin Sports Championship"이라고 표현한다.
	여기서 군 경력을 썼는데 군 경력은 Military Service라고 표현하고 표창경력(Activities and Honors) 다음으로 기술하면 되겠다. 그리고 추가사항은 Comments라고 쓰고 그 내용을 기술하면 된다. 추가된 내용 중에 "연봉 협상가능"이라는 표현은 "Salary negotiable"로 표현한다.

5 이력서 영작

Personal Data
Jungshik Choi
Born in March 16th, 1981
308 ho 5 dong Aju apt,
72-2 Dongjak-dong, Dongjak-gu,
Seoul 163-280, Korea (02)-746-2034

Professional Objective To obtain the position of general manager at Sehwa Sports Center

Education March 2001 - February 2006
Graduated from Cheonju University in the major field of Gymnastics
March 1998- February 2001
Graduated from Buan High School

Work Experience January 2011 - present
General Manager in Incheon Gymnastics Center
August 2010- December 2010
Sales Manager at Wanggung Bowling Plaza
June 2009- August 2010
Manager at Carboard Bowling Center
March 2006- December 2008
Worked at the sales department of Shisung Bowling Center

Activities & Honors Jan 4, 2005.
Awarded the Certificate of Commendation from 35th Division of Army
April 29, 2004
Winner of Pin Sports Championship

Military Service December 25, 2003- December 24, 2005 served the army as the administrative soldier

Comments Salary negotiable

unit 8 확인 문제

① 문제로 점검하기 A

1) 다음 중 공식문서에서 결구(Complimentary Close)로 표현하는 것 중에서 적절하지 않은 것은?

a) Respectfully yours
b) Yours respectfully
c) Very truly yours
d) very truly

2) 다음 중 편지 봉투에 쓰는 "발신인의 주소"를 영어로 무엇이라고 하는가?

a) Returning address
b) Return address
c) Address
d) Block

3) 다음 중 편지 봉투에 쓰는 "수신인의 주소"를 영어로 무엇이라고 하는가?

a) Address
b) Block address
c) Blocking address
d) Return address

4) 영문 편지에서 “To whom it may concern”은 어느 때 쓸 수 있는 표현인가?

a) 수신자가 분명치 않을 때

b) 수신자가 없을 때

c) 발신자가 없을 때

d) 발신자가 분명치 않을 때

5) 편지 봉투에 “CONFIDENTIAL”은 편지의 기밀을 유지해 달라는 표현이다. 그렇다면 이와 같은 편지의 성격을 지칭하는 말은 무엇인가?

a) On-arrival notation

b) Block address

c) Special mailing address

d) Black mail

2 문제로 점검하기 B

1) 다음 중 영문 이력서를 영작할 때 가장 먼저 작성해야 하는 것은 무엇인가?

a) Professional Objective

b) Personal Data

c) Work Experience

d) Education

2) 이력서를 지칭하는 표현으로 맞는 것은?

a) Curriculum Vitae

b) Resum

c) Curricular Vitae

d) Resumation

3) 다음 중 2011년 1월 13일의 날짜를 영어로 옮긴 것 중에서 옳은 것은?

a) 2011, January 13

b) 13 January 2011

c) January 2011, 13

d) January 13, 2011

4) 다음 중 영어 표현이 올바르지 않은 것은?

a) 물품번호: item number

b) 물품명: item name

c) 단가: unit price

d) 수량: quality

5) 이력서에서 "추가사항"은 영어로 무엇이라고 하는가?

a) Additional

b) Addition

c) Commented

d) Comments

3 영작으로 점검하기 A

1) 다음 중 "잔액은 물건을 받은 후에 보내드립니다." 를 영어로 옮긴 것 중 바른 것은?

a) Your remainder will be solved upon receipt of goods

b) The money will be sent upon receipt of goods

c) Goods will be forwarded upon receipt of your money

d) The remainder will be forwarded upon receipt of goods

2) 다음 중 "신원 보증 요청 시 제출 가능합니다."를 영어로 옮긴 것 중 바른 것은?

a) Your report is possible when requested

b) References will be available upon request

c) References can submit your request

d) References are possible when requested

3) 다음 중 "영업부 이사직에 지원"이라는 표현을 to 부정사로 표현한다면 맞는 것은?

a) To get your sales director

b) To obtain the position of sales director

c) To come to the position of sales director

d) To obtain the company as sales director

4) 다음 중 경력사항 중 "핀 스포츠 우승"이라는 표현을 영어로 옮기려고 한다. 맞는 것은?

a) To win Pin Sports Championship

b) To winner of Pin Sports Championship

c) Get winning championship of Pin Sports

d) Winner of Pin Sports Championship

5) 다음 중 우편번호 (151-746) 서울시 관악구 관악로 599번지 를 영어로 옮긴다면 정확한 것은?

a) 599, Gwanak-gu, Seoul 151-746, Korea

b) 151-746, 599 Gwannak-ro, Gwanak-gu, Seoul, Korea

c) 599 Gwannak-ro, Gwanak-gu, Seoul 151-746, Korea

d) Gwannak-ro 599, Gwanak-gu, Seoul 151-746, Korea

4 영작으로 점검하기 B

1) "귀사의 소포를 접수했습니다"를 영어로 바르게 옮긴 것은?

a) We received your packet
b) We took your order
c) We got your quick delivery
d) We have sent your parcel

2) 다음 중 "앞으로 귀사와 더 많은 업무를 계속하기를 고대합니다"라는 표현 중 맞는 것은?

a) We look forward to do more business with your company
b) We look forward to doing more business with your company
c) We look to doing more business with your company
d) We want to do more business with your company

3) 다음 중 "요구하신 2000불의 우편환(=money order)을 동봉합니다" 라는 표현으로 적절한 것은?

a) Your requested money order of 2000 $ is to enclose
b) Your request money order of 2000 $ is enclose.
c) Your requested money order of 2000 $ is enclosed.
d) Your request money order of 2000 $ is enclosing.

4) 다음 중 "제 전화 558-2738 로 전화 주십시오"를 영어로 표현한 것 중 맞는 것은?

a) Please call 558-2738

b) Please call me 558-2738

c) Please call me at 558-2738

d) Please call me with 558-2738

5) 다음 중 "만약 이 시간이 불편하시면 시간 조정을 위해 전화 주시기 바랍니다." 라는 표현을 영어로 표현한 것으로 맞는 것은?

a) If this time is not convenient, just call me to setting up another time

b) If this time is not convenient, just call me to set up time

c) If this time is not convenient, just call me to set up time difference

d) If this time is not convenient, just call me to set up another time

Unit 8 Answer

1 문제로 점검하기 A

1) d
2) b
3) a
4) a
5) a

2 문제로 점검하기 B

1) b
2) a
3) d
4) d
5) d

3 영작으로 점검하기 A

1) d
2) b
3) b
4) d
5) c

4 영작으로 점검하기 B

1) a
2) b
3) c
4) c
5) d

unit 9 자기소개서의 이해

자기소개서는 한 개인의 지나온 과거 및 이야기를 서술하는 것으로 영어로는 그야말로 personal history 혹은 personal statement라고 한다. 자기소개서는 이력서와 함께 회사 취업에 요구되는 중요한 서류이다. 보통은 과거의 일정시점에서 현재까지의 상황을 기술하지만 회사에서는 특정 업무에 적합한 인물인가를 판단하기 위한 참고자료로 삼기 때문에 회사에서 요구되는 업무나 직책에 맞추어 자기소개서를 서술하는 것이 좋다. 즉, 직무에 적합한 과거의 경험이나 자격사항 그리고 특정 업무에 대한 자신만의 장점과 능력 등에 초점을 맞추는 것이 좋다.

1 자기소개서 작성 요령

① 개인의 사적인 과거를 지나치게 세밀하게 쓰지 않는다.

자기 소개서는 한 개인의 역사라고 할 수 있다. 하지만 지원 회사의 업무 특성과 상관없는 개인의 사적인 과거를 지나치게 세밀하게 쓰는 것은 현실성 없는 인물로 부각될 수 있다. 과거와 현재 부분의 서술을 적절하게 배분하는 것이 좋다.

② 자신이 지원하는 회사의 업무나 직무의 특성을 반영한다.

자기소개서를 작성할 때는 지원하는 해당 회사의 업무나 직무를 충분히 잘 숙지하고 이해함을 강조해야 한다.

③ 자신의 능력과 경력에 초점을 맞춰라.

자기 소개서라고 해서 사적인 이야기에만 집중하지 말고 자신이 회사에 쓸모 있는 존재임을 강조하고 해당 회사에서 요구되는 업무에 자신의 능력과 경력이 도움이 됨을 설득력 있게 기술해야 한다.

④ 자신만의 색깔이 있어야 한다.

창의적이고 도전적인 형태는 기업들이 좋아하는 글의 형태이다. 남들과 차별화 될 수 있는 자기 소개서는 그 만큼 회사 인사 담당자들에게 자신의 존재를 각인 시킬 수 있다.

⑤ 자기소개서는 항상 시제와 관사에 유의한다.

자기소개서는 자신의 과거와 현재를 서술하는 것인데, 영어로 쓸 때는 기본적으로 시제에 맞게 써야 한다. 간혹 시제가 맞지 않아 과거의 내용을 현재로 서술하는 경우도 생긴다. 시제에 유의하여야 하며 셀수 있는 명사와 없는 명사를 구분하여 관사의 유무에도 주의한다.

② 영문자기소개서의 예시와 수정의 예

[[영문자기소개서 예시]]

Basically, I am happy to say that I am now very pleased to introduced myself for you your company.

My character is very bright and I am willing to make a good relation with other peoples. When I was in school I participated in club named Mugikae. Although I was not interested in music, I was enjoying meeting friends and having events.

When I was university student, I was given a position as vice president of a student council at Hankook University. so I could get a chance to meet lot of people and learned many things such as a responsibility, leadership and how to get along with other people. Through these virtues I became energetic and diligent man.

If I can get the position of your company, I do promise you that I will do my best for the job and your company.

Thank you.

☞ 영문자기소개서의 고친 예 (밑줄은 잘못되거나 어색한 것임)

Basically, I am happy to say that I am now very pleased to introduced myself for you your company.
--〉 I am pleased to introduce myself to your company.

My character is very bright and I am willing to make a good relation
=I am very cheerful

peoples. When I was a high school student I participated in club named
people(사람, peoples는 민족) **the club**
Mugikae.

Although I was not interested in music, I enjoyed meeting friends and events.

When I was university student, I was given a position as vice president
a university student

of a student council at Hankook University. so I could get a chance to meet lot of
a lot of

people and learned many things such as a responsibility, leadership and how to get along with other people. Through these virtues I became energetic and diligent man
an energetic and diligent man

If I can get the position of your company, I do promise you that I will do my best for the job and your company.

Thank you

unit 10 기본적인 자기소개서 작성하기 (1)

1 자기소개서 작성 시 유의사항

자기소개서는 자신의 과거와 현재를 솔직하고 정확하게 밝혀야 한다. 물론 강조하는 것은 필요하지만 사실에 근거를 두고 작성되어야 한다. 되도록이면 영어로 바로 작성하고 영어로 쓴 것을 여러 번 검토해서 수정하는 것이 좋다. 하지만 영어로 한 번에 쓰기 어려울 때는 우선적으로 우리말로 자기소개서를 써보고 다시 영어로 옮기는 것도 좋은 방법이다.

> 자기 소개서는 커버레터(cover letter)와 비슷하지만, 커버레터는 비즈니스 레터(business letter)의 성격이 강하다. 입사지원자의 장점과 특징이 잘 드러나도록 논리적이면서도 눈에 띄도록 구성하고 기술하는 것이 필요하다.

2 자기소개서 작성하기

『자기소개서의 예시』

> 안녕하세요. 제 이름은 김미나입니다. 현재 나이는 24세 입니다. 저의 가족은 5명입니다. 딸 셋 중에서 제가 둘째입니다. 저의 취미는 노래하기와 영화감상입니다. 또 다른 취미이자 저의 전공은 바로 요리하는 것입니다. 재학시절 한식요리사 자격증을 땄습니다. 세계최고의 한식 요리사가 되는 것이 저의 꿈입니다. 저의 꿈을 실현하기 위해서 귀사에 취업하고 싶습니다. 감사합니다.

3 자기소개서 작성 해설

위의 자기소개서는 자신의 취미와 전공이 같다는 것을 기술하였는데, 일하는 것 자체가 취미 생활을 영위하는 것임을 강조한다면 더 좋은 자기소개서가 될 것 같다. 또한 자신의 성격과 장점 등이 빠져 있는데 보충할 필요가 있다. 그리고 자신이 어느 대학의 학생인지를 정확하게 밝히지 않았다. 어느 대학의 학생인지 정확하고 상세하게 밝혀야 하며 자격증에 대해서도 몇 년도 몇 월에 취득했으며 중식자격증도 구체적으로 언제 취득예정임을 밝혀야 한다. 마지막으로 "꿈을 실현하기위해 귀사에 취업하고 싶습니다."라는 표현은 억지에 가깝다. 이보다는 자신의 자격 요건을 기술하고 이러한 자격요건과 경력으로 인해 해당회사에 도움이 된다는 것을 피력하는 것이 좀 더 효과적이다.

『수정된 자기소개서의 예』

안녕하세요 제 이름은 김미나입니다. 현재 한국대학교 식품영양학과 4학년에 재학 중이며 나이는 24세입니다. 저의 가족은 아버지, 어머니, 저를 포함하여 다섯 식구입니다. 형제 관계는 딸 셋 중 에서 둘째입니다. 둘째라서 그런지 성격이 좋다는 이야기를 듣습니다. 또한 낙천적이고 요리하기를 좋아합니다.

사람들이 제가 만든 요리를 먹고 행복해 하는 모습을 보면 저 또한 행복감을 느낍니다. 요리가 저의 취미이자 행복의 요소가 되어버린 나머지 대학의 전공도 요리와 관련된 학과로 선택했습니다. 요리가 재미있어 재학시절 한식 요리사 자격증을 2010년 12월에 땄습니다. 세계최고의 한식 요리사가 되는 것이 저의 꿈입니다.

저의 요리사 자격증은 제가 요리에 재능이 있다는 것을 보여주고 있으며 한국요리의 세계화를 꿈꾸는 귀사에 반드시 밑거름이 될 수 있다고 굳게 믿는 바입니다. 감사합니다.

④ 영문 작성 해설

① 저의 가족은 아버지, 어머니, 저를 포함하여 다섯 식구입니다. 형제 관계는 딸 셋 중 에서 둘째입니다.

--> I am 24 years old and a senior of department of Food and Nutrition at Hankook University.

② 둘째라서 그런지 성격이 좋다는 이야기를 듣습니다.

--> I have my father and mother and two sisters. I am the second daughter in my family which contributes to my good temper, people say.

> *성격, 기질 = temper
>
> 목적어의 내용이 앞으로 가고 people say가 뒤로 보내진 구문임.

③ 사람들이 제가 만든 요리를 먹고 행복해 하는 모습을 보면 저 또한 행복감을 느낍니다.

--> I am happy when I am with people who enjoy the food I have made.

④ 요리가 저의 취미이자 행복의 요소가 되어버린 나머지 대학의 전공도 요리와 관련된 학과로 선택했습니다.

--> My major is naturally food related, since cooking is my hobby and the ingredient of happiness.

> *요소 = ingredient

⑤ 저의 요리사 자격증은 제가 요리에 재능이 있다는 것을 보여주고 있으며 한국요리의 세계화를 꿈꾸는 귀사에 반드시 밑거름이 될 수 있다고 굳게 믿는 바입니다.

--> The certificate proves that I am a talented chef and to be the cornerstone of your company with the vision to make Korean Food into the World delicacy.

*맛있는 요리 = delicacy

⑤ 영문 자기소개서

Hello, I am Mina Kim.

I am 24 years old and a senior of department of Food and Nutrition at Hankook University. I have my father and mother and two sisters. I am the second daughter in my family, which contributes to my good temper, people say. I am optimistic and fond of cooking.

I am happy when I am with people who enjoy the food I have made. My major is naturally food related, since cooking is my hobby and the ingredient of happiness. I obtained the certificate of Korean Food Chef in December 2010 during my school years. My dream is to be the best Korean food chef.

The certificate proves that I am a talented chef and to be the cornerstone of your company with the vision to make Korean Food into the World delicacy.

Thank you.

unit 11 기본적인 자기소개서 작성하기 (2)

1 자기소개서 작성 시 유의사항

인사담당자들이 자기소개서에서 가장 중요하게 생각하는 것은 내용도 내용이지만 무엇보다도 기본형식을 잘 갖추고 있느냐이다. 일관된 형식을 갖춘 자기소개서는 지원자가 기본소양이 갖추어진 사람일 것이라는 긍정적인 이미지를 갖게 된다. 명심할 것은 자기소개서에서 들여쓰기가 안되고 단락 부분조차 되어 있지 않은 것은 내용에 상관없이 합격자 명단에서 제외시키는 경우가 많다는 것이다.

2 자기소개서 작성하기

자기소개서의 예시

(자기소개서)

안녕하세요, 저는 26세의 김지선입니다. 먼저 저는 2007년 서울소재 대한 대학교 비서경영학과를 졸업하고 J&Y Trading Co.에서 2년간 비서 일을 했습니다. 저는 이 회사에 근무하면서 국제적인 매너와 서비스 마인드 그리고 영어실력을 키울 수 있었습니다.

제가 직장생활을 하며 비서로서 느낀 바는 상사와의 원활한 커뮤니케이션이 무엇보다 중요하다는 것이었습니다. 이를 위해서는 윗분을 공경하고 마음에서 우러나오는 진심으로 그 분들을 위해 도움이 되어 드리고자 하는 마음가짐과 자세를 갖추어야 한다고 봅니다.

또한 그러한 마음가짐과 자세는 비서만이 가질 수 있는 가장 큰 장점이라고 생각하였기에 이번에 Jang & Jang Trading Co.에 또 다시 지원하게 되었습니다. 저는 이러한 경험을 바탕으로 귀사에서도 임원분들을 잘 보필하는 비서가 될 수 있다는 확신이 듭니다.

③ 자기소개서 작성 해설

영문 작성 해설

	『안녕하세요, 저는 26세의 김지선입니다. 먼저 저는 2007년 서울소재 대한 대학교 비서학과를 졸업하고』 --〉 Hello, sir or madam. I am Jisun Kim, 26 years old. I graduated from Daehan University with the major in secretarial business. 위에서 "먼저"라는 표현은 불필요한 말이다. 그렇다고 Basically나 Firstly라고 쓰지 않는다. 학술 논문처럼 특정 내용을 증명하는 글이 아니며 뒤에 내용도 Secondly와 같은 표현을 쓰지 않기 때문이다. 비서경영학은 secretarial business이다.
	『J&Y Trading Co.에서 2년간 비서 일을 했습니다. 저는 이 회사에 근무하면서 국제적인 매너와 서비스 마인드 그리고 영어실력을 키울 수 있었습니다.』 --〉 I have worked at J&Y Trading Co. for 2 years as a secretary. I could develop myself with global manners, service mind, and competency of English. 아직 회사를 옮기기 전이며 근무 중이므로 현재완료 표현을 써야 한다. 즉, 과거부터 지금까지 근무 중 임을 나타내는 것이다. 영어실력은 competency of English 혹은 English competency라고 하면 된다.
	『제가 직장생활을 하며 비서로서 느낀 바는 상사와의 원활한 커뮤니케이션이 무엇보다 중요하다는 것이었습니다.』 --〉 What I felt as a secretary is that the functional communication with supervisors is the most important part in the company work. 관계대명사 What= the thing which의 의미로서 "~~하는 바 혹은 ~~하는 것"의 의미이다. 원활한 의사소통은 good communication도 되지만 functional communication이 좋겠다. 왜냐하면 회사의 여러 기능들이 잘 돌아간다는 의미로 받아들일 수 있기 때문이다.

	『이를 위해서는 윗분을 공경하고 마음에서 우러나오는 진심으로 그 분들을 위해 도움이 되어 드리고자 하는 마음가짐과 자세를 갖추어야 한다고 봅니다.』 --〉 To this purpose는 "이러한 목적을 위해서"라는 표현이고, on purpose는 "고의적으로" 라는 뜻이다. To this purpose secretaries should have true mind and attitude to be the real help for the seniors/supervisors. 여기서 "마음에서 우러나오는 진심"을 영어로 옮기면 true mind from the bottom of the heart 이지만 true 속에는 from the bottom of the heart의 의미가 담겨있기 때문에 true mind만 써도 충분하다.
	『또한 그러한 마음가짐과 자세는 비서만이 가질 수 있는 가장 큰 장점이라고 생각하였기에 이번에 Jang & Jang Trading Co.에 또 다시 지원하게 되었습니다.』 --〉 Those attributes are the strength which only they can bear. Thus I could reapply for Jang & Jang Trading Co. 또 다시 지원한다는 표현에서는 reapply for를 쓰거나 혹은 apply for the company again을 써도 된다. 마음가짐과 자세는 이미 한번 언급한 것이므로 대명사로 쓰거나 혹은 다른 명사로 바꾸어 주는 것이 좋다. 여기서는 "속성"(attributes)라는 말로 바꾸었다. 그리고 secretaries는 한번 언급된 것이므로 대명사 they로 바꾼다.
	『저는 이러한 경험을 바탕으로 귀사에서도 임원분들을 잘 보필하는 비서가 될 수 있다는 확신이 듭니다.』 --〉 I am confident that I can serve your board of executives well with the experience I mentioned. 물론 "이러한 경험을 바탕으로" 라는 표현은 on the basis of this experience 혹은 위에서 언급한 경험임으로 with the experience I mentioned 라고 해도 좋다.

4 영문 자기소개서

Hello, sir or madam. I am Jisun Kim, 26 years old. I graduated from Daehan University with the major in secretarial business. I have worked at J&Y Trading Co. for 2 years as a secretary. I could develop myself with global manners, service mind, and competency of English.

What I felt as a secretary is that the functional communication with supervisors is the most important part in the company work. To this purpose secretaries should have true mind and attitude to be the real help for the seniors/supervisors.

Those attributes are the strength which only they can bear. Thus I could reapply for Jang & Jang Trading Co. I am confident that I can serve your board of executives well with the experience I mentioned.

Thank you.

unit 12 면접의 이해 (1)

1 영어면접의 이해

영어 면접은 인사 담당자가 지원자를 상대로 특정 내용에 대해서 영어로 질문하면 이에 대해 지원자가 나름대로의 견해나 의견을 영어로 밝히는 것을 말한다. 영어면접은 회사의 성격에 따라 질문 내용도 달라지며 지원자의 인성과 더불어 영어실력을 가늠해 보는 기회로 삼는 것이 보통이다.

2 영어면접의 종류

① 그룹 면접

2명 이상의 지원자가 그룹을 이루어 면접을 치르는 유형이다. 면접관은 한명 내지는 다수가 될 수 있다. 면접시에 주로 적게는 3명 많게는 6명 사이의 인원이 한 조를 이루어 면접이 진행되므로, 다른 지원자와 동시에 비교 분석된다.

② 일대일 면접

지원자 1명만이 한 명의 면접관과 그야말로 면대면으로 집중력있게 면접을 보는 유형이다. 회사 및 업무에 대해 전반적인 질문을 할 수 있으며, 때로는 구체적인 질문을 할 수도 있다. 시사 및 상식에 대한 질문을 하기도 한다. 이력서에 기재된 사항이나 개인적인 내용을 질문할 수도 있다.

③ 패널 면접

1명의 지원자를 2명 이상의 면접관이 면접하는 유형이다. 영어 면접시에는 외국인이 동반되어 지원자의 영어 수준을 가늠하기도 한다. 즉, 면접관이 한국인과 외국인으로 구성되기도 하며 때에 따라서는 한국인들만 혹은 반대로 외국인들만으로 면접관이 구성되기도 한다.

④ 압박 면접

지원자의 임기응변 능력이나 위급시의 대처능력을 파악하기 위해 치러지는 면접 유형이다.

3 영어 면접 시 참고하는 기준

① Coherence (질문한 것에 대한 답 내용의 일관성)
② Efficiency (대답 문장이나 단어의 효율성)
③ Simplicity (쉽게 이해될 수 있는 전달성)
④ Clarity (내용 전달의 명확성)
⑤ Communication skills /interpersonal skills (인간관계 혹은 대인관계 능력)
⑥ Language fluency (영어의 숙달도)
⑦ Impression & appearance(인상과 외모)
⑧ Teamwork skills (조직 순응도)
⑨ Enthusiasm & motivation (일에 대한 열정과 동기)

4 자기소개에 포함되어야 하는 필수 요소

① 간단한 인사

예] Most of all, I am so happy to be here and to meet you.

② 이름

예] My name is Jamie Chung and I'm majoring in Accounting at KBI University.

③ 지원 부서

예] I am applying for a position at Accounting Department of your company.

④ 면접 참석 소감

예] It's great honor and happiness to be present here as an applicant for your company.

⑤ 마무리 인사

Thank you for giving me the chance for an interview.

의미▶

① Most of all, I am so happy to be here and to meet you.
무엇보다도 이 자리에 서게 되었고, 만나뵙게 되어 기쁩니다.

② My name is Jamie Chung and I'm majoring in Accounting at KBI University.
제 이름은 정재미이고, KBI 대학에서 회계학을 전공하고 있습니다.

③ I am applying for a position at Accounting Department of your company.
저는 귀사의 회계부서에 지원합니다.

④ It's great honor and happiness to be present here as an applicant for your company.
귀사에 지원자로서 여기에 참석하게 되어 영광이고 기쁩니다.

⑤ Thank you for giving me the chance for an interview.
면접 기회를 주셔서 감사합니다.

5 영어면접의 내용

1) 자기소개

① Please, describe yourself
② Can you tell us about yourself?
③ How would you tell us about yourself?
④ Could you tell us a little about you?
⑤ Can you tell us who you are?

2) 지원동기

① What made you apply for our company?
② What made you determine to work for the company?
③ Is there any special reason you want to work for our company?
④ Why did you think you should work for the company?

3) 장점 / 단점

① Can you tell us what your strengths are?
② What are your strengths for our company ?
③ What are good points if we employ you?
④ What are your greatest aspects?
⑤ What do you think your weaknesses are?
⑥ What are your weaknesses?

4) 전략

① 내가 실력을 갖춘 지원자임을 어떻게 표현할 것인가?
② 회사에서 필요로 하는 요소가 무엇이고 내가 그 요소를 어떻게 충족시킬 것인가?
③ 회사를 위해서 어떻게 어떤 방식으로 일을 잘 할 수 있는가?
④ 완벽한 영어 인터뷰를 위해 인터뷰 원고를 어떻게 작성할 것인가?

6 영어면접의 예

면접 질문 I

Q: Why did you think you should apply for our company?

A1: Your company is one of the leading companies in the field of semiconductor. I thought I can realize my dream in your company. That's why I applied for your company.

해설)

위와 같은 답을 했다면 논리적인 전개는 좋지만 정보 내용이 충분하지 않다. 자신이 갖추고 있는 능력이나 장점이 회사 발전에 어떻게 도움이 되는지 자신이 남들과 다른 특별한 장점이 무엇인지가 충분하게 밝혀지지 않았기 때문이다.

면접 질문 II

Q: Why did you think you should apply for our company?

A2: Your company is expanding semiconductor business into the world. I majored in semiconductor and minored in English at Daehan University. My major & minor definitely will contribute to your company's expansion into the world. Additionally I can realize my dream to be the world-famous engineer in semiconductor industry in the world by working hard in your company if I get employed. Thank you.

해설)

자신의 전공과 부전공이 회사의 사세 확장에 도움이 될 것이라는 논지로 질문에 대한 답을 하였다. 위에서처럼 자신이 가진 장점이 회사에 이익에 될 수 있다는 내용으로 면접 질문에 대한 대답을 구성하고 준비하는 것이 좋다. 그리고 가능하다면 Native Speaker나 영어 전문가의 도움을 받아 발음이나 억양 등의 교정을 받는 것도 좋은 방법이다. 또한 평소에 CNN 뉴스 등을 녹음하고 원고를 인터넷에서 찾아 다운 받은 후 원고를 소리 내어 녹음한다. 그런 후 여러 번 반복해 들으면서 Native Speaker의 발음이나 억양에 가깝게 연습하는 것도 좋은 방법이다.

unit 13 기본적인 면접 준비하기

1 영어면접의 이해

면접 질문에 대한 답변은 항상 본인 입장에서 바라보는 것이 아니라 회사의 시각에서 본인을 평가하면 어떤 입장일까를 고려하고 회사의 생각과 회사가 요구하는 내용이 무엇인지를 염두에 두고 이에 어필할 수 있는 방향으로 면접 전략을 짜야 한다.

2 영어면접의 예

면접 질문 1-1

Q: Why did you think you should apply for our company?

A1: Because I'm a qualified applicant for the job opening.
I can work very hard if I got employed as a newcomer.

해설)

위와 같은 답을 했다면 보기에는 그럴싸해 보인다. 이유를 잘 설명하는 것 같다. 하지만 문제점은 답변 내용이 일반적이고 회사에 어떻게 도움이 될지 정보가 구체적이지 않다는 것이다. 취직하면 열심히 일하지 않을 사람은 없다. 그러므로 "신입사원으로 취직된다면 열심히 일할 수 있다"(= I can work very hard if I got employed as a newcomer.)는 내용의 이야기는 설득력이 없다. 이보다는 자신의 경험이나 능력이 회사 발전에 어떻게 도움이 되는지를 설명하는 것이 입사 면접관들에게는 더 매력적으로 보인다. 이를 위해서는 구체적인 예를 들어 설득하는 것도 좋은 방법이다.

면접질문 1-2

Q: Why should we hire you?

A2: Let me tell you two reasons why you should think I'm a qualified applicant

Firstly, I have strong interest in both the position of sales manger and your company.

I am sure that my former experience of sales manager for 2 years in K.I. corporation can be contribution to your new opening in sales team in Kyunggi Province.

Secondly I was a leader of classic guitar club when I was a university student. The experience of leadership and interpersonal skills can allow me to boom your newly born sales team in the marketing business.

Thank you.

해설)

단순하게 자신을 고용해야 한다는 논리 보다는 위에서처럼 항목을 구체적으로 나누어 설명하는 것이 좋다. 첫 번째, 두 번째, 세 번째 항목을 나눌 때는 firstly, secondly,... 혹은 first, second...로 한다. 그리고 이전 회사에서 "2년간 판매부장"(=sales manger for 2 years)과 같은 구체적인 경험이 있기 때문에 지원하는 회사의 "영업부장 자리"(=the position of sales manger)에 자신이 적합한 인물임을 피력하고 있는데 이와 같은 내용이 면접관들에게는 더 설득력 있게 느껴진다. 그리고 "클래식 기타 동아리 리더"(=classic guitar club)의 경험이 바탕이 되어 회사의 리더쉽이나 대인관계에 도움을 줄 것이라는 이와 같은 구체적인 내용을 바탕으로 면접의 답을 구성하는 것이 면접에 있어 효과적인 전략이다.

3 영어면접의 예 2

면접 질문 2-1

Q: Can you tell us your strengths and weaknesses?

A1: My strengths much learning, diligence, and sense of humor.

I am not sure but my weakness is maybe the fact that I am not good at making use of computer.

해설)

장점과 단점을 묻는 질문에서 자신의 장점을 "My strengths are much learning, diligence, and sense of humor."(=저의 장점은 학식, 부지런함, 유머감각입니다)와 같이 간단명료하게 표현하였는데 왜 이러한 장점을 가졌으며 이러한 장점이 회사에 어떻게 도움이 될지에 대해서는 설명이 없다. 면접관이 바라는 답변내용이 무엇일까를 고민해 보는 것이 중요하다. 자신의 장점이 회사에 도움이 되기 때문에 회사가 필요로 하는 사람이 자신임을 부각시킬 필요가 있다. 그리고 maybe, probably, usually와 같은 명료하지 않은 표현은 쓰지 않는 것이 좋다. 답변의 신뢰도를 떨어뜨리기 때문이다. 또한 가지 중요한 것은 자신의 단점을 말하라고 해서 자신의 단점을 구구 절절히 나열할 필요는 없다는 것이다. 그리고 자신의 단점을 밝히더라도 그 단점을 극복한 사례 등을 덧붙여서 자신의 단점이 더 이상 존재하지 않음을 말하는 것도 좋은 방법이다.

면접 질문 2-2

Q: Can you tell us your strengths and weaknesses?

A1: My strengths are much learning, diligence, and sense of humor. First my father taught me the motto that men should learn a lot since the life is not that long as expected. I have tried to learn hard due to the lesson from my father. Second I am a diligent person even during the vacation I went to the library on the regular basis. Because of that I could get scholarship for 3 years. Also I have the experience of being the champion of the comedian contest, which helped me to make people happy.

I think my weakness is that I am not good at computer work, but I learned computer programs to do better job with a computer, now I am a master of computer.

I believe my strengths I've got definitely can be good assets to your company expansion into the world.

Thank you.

해설) 자신의 장점을 논리적으로 설명하였다. 왜 이러한 장점을 가지게 되었음을 설명하고 있고 특히 "코미디언 대회에서 우승한 경험이 있는데 이것이 사람들을 행복하게 만드는데 도움을 줬다."(I have the experience of being the champion of the comedian contest, which helped me to make people happy.)와 같은 대답은 회사의 조직 운영에도 도움이 될 수 있기에 좋은 답변으로 여겨진다. 또한 단점은 컴퓨터를 잘 하지 못하는 것 (I'm not good at making use of computer) 이지만 이것을 극복하여 이제는 컴퓨터를 잘 다룰 수 있다(now I am master computer)는 내용은 자신의 단점을 고치기 노력하는 성실한 지원자임을 나타낸다. 이와 같은 태도는 면접관들에게 좋은 인상을 심어줄 수 있다.

unit 14 E-mail의 이해

1 E-mail의 이해

1) 정의

E-mail은 Electronic Mail 즉 "전자 우편"을 의미하는 것으로 기업 간 혹은 기업 간 일반인 그리고 일반인들 사이에서 비즈니스 뿐만 아니라 일상적인 업무에 이르기까지 다양한 형태의 일들이 E-mail을 통해서 이루어지고 있다. 동사로도 쓰이는데 "I e-mailed my answer to you yesterday" 하면 "나는 어제 너에게 e-mail로 답장을 보냈다" 라는 의미이다.

2) E-mai의 양식

E-mail 양식이 특별하게 정해진 것은 없다. 하지만 E-mai도 편지글이므로 서두에서 수신자와 발신자 안건을 밝히는 것이 일반적이다. 발신은 "From" 수신은 "To" 날짜는 "Date" 안건은 "Subject"로 쓴다.

3) E-mail의 구성 요소

① 서두(head)는 다음과 같이 발신, 수신, 날짜, 안건을 밝힌다.

From : David 〈davidcho@hankook.ac.kr〉

To : Daniel 〈dangolemb@yahoo.com〉

Date : October 25, 2010 PM 18:22:28

Subject : Thank you

② 인사(Salutation)

모든 편지글은 인사말로 시작하는 것이 상례이므로 E-mail도 인사말로부터 출발한다. 상대방과 사적인 관계라면 상관이 없으나 상대방과 공식적인 관계라면 인사말을 통해 예의와 존경을 표현하는 것이 좋다.

③ 본문(Body)

본문은 인사말 다음에 한 칸 띄우고 시작한다. 또한 문단이 바뀔 때도 한 칸을 띄워줌으로써 내용 파악이 잘 되고 일목요연하게 보이게 하는 게 좋다. 이것은 상대방이 글을 잘 읽을 수 있게 하려는 배려인 것이다.

④ 결구(Complimentary Close)

본문 내용을 쓴 이후에 상대방에 대한 예의로써 결구를 쓴다. Respectfully yours, Truly yours, Sincerely yours, Cordially yours와 같은 표현을 쓰도록 한다.

② E-mail의 예 1

From : David 〈davidcho@hankook.ac.kr〉

To : Daniel 〈dangolemb@yahoo.com〉

Date : October 25, 2010 PM 18:22:28

Subject : Thank you

Good evening, professors!

Thank you again for your commitment.

Some edited files are attached below.

Those are the materials for English Conversation Class.

For your future use, I attached them. There is just minor change such as Marc's time change from Tuesday 56 to Tuesday 78 on Time Schedule

Thank you again for your big contribution.

From David

3 E-mail의 예 2

From: Alan Johnson 〈johnsonalan1004@yahoo.com〉

To: Kuk-Jeong Min 〈kjmin@Janet.com〉

Date: May 5, 2010 PM 14:22:32

Subject: Thank you for the invitation

Dear Mr. Min

Good afternoon, Mr. Min.

Thank you for the invitation to dinner. I had the happy moment during the dinner time with you. I deeply appreciate your honorable invitation to dinner. I was really honored by the invitation, and much enjoyed the evening. The food of Samcheongone is one of the greatest Korean cuisine I've ever tasted. Hopefully I want to treat you someday when you come to the U.S. for your business trip. Thank you again for your kindness.

Sincerely yours,

Allan Johnson

English Teacher of Newton High School

unit 15 기본적인 E-mail 작성하기

1 E-mail의 유의사항

지금의 시대는 E-mail의 시대라고 해도 과언이 아니다. 스마트폰을 통해 모바일로 언제 어디서나 E-mail을 작성하고 전송할 수 있는 시대가 되었다. 그런데 많은 학생들이 "Re:"를 "리플을 단다" 라고 말하는데 이것은 잘못된 표현이다. 이것은 "Reply" 이며 발음이 "리플"이 아니라 "리플라이"라고 해야 맞다.

2 E-mail 작성하기

수신: 케인 조셉 〈Joseph@Kensington.com〉
발신: 데이비드 켄달 〈ken003@yahoo.com〉
날짜: 2010년 5월 15일 오후 15:20:47
안건: 고객 만족도 조사

켄달씨께,

안녕하세요.

2010년 4월 24일 와싱턴 디씨에 숙박하신 켄싱톤호텔의 고객만족도 조사 설문 초대장을 최근에 저희가 보내드렸습니다. 그런데, 설문지를 고객님께서 작성하실 시간이 없으신 것처럼 보였습니다. 저희가 고객님의 만족에 부흥하지 못하여 고객님께서 응답을 하지 않으셨는지 저희는 걱정이 됩니다. 켄싱톤호텔은 고객 한분 한분에게 최상의 경험을 제공해 드리고자 전념하고 있습니다. 저희가 고객님의 기대를 만족시키고자 어떻게 대했는지 잠시 시간을 내주시어 말씀해 주시면 감사하겠습니다. 켄싱톤호텔을 선택해 주셔서 감사합니다. 고객님의 저희 숙박에 대해 말씀 듣기를 고대합니다.

켄싱톤호텔 월드와이드 주식회사
사장
조셉 알 케인

3 E-mail 해설

	안녕하세요. 2010년 4월 24일 와싱턴 디씨에 숙박하신 켄싱톤호텔의 고객만족도 조사 설문 초대장을 최근에 저희가 보내드렸습니다. --〉 Good afternoon, sir. Recently, we sent you an invitation to complete a Guest Satisfaction Survey concerning your stay with us at Kensington Hotel Washington DC, where you checked out on April 24, 2010. 영어로 옮길 때는 문장을 분석하고 쪼개는 것이 필요하다. 숙박 장소를 장소의 관계부사 where를 써서 연결하면 자연스럽게 하고자 하는 이야기를 뒤에 덧붙일 수 있다.
	그런데, 설문지를 고객님께서 작성하실 시간이 없으신 것처럼 보였습니다. --〉 However, we noticed that you did not have time to complete the survey. "--처럼 보이다"는 seem을 활용하수도 있지만 여기서는 확인했다는 의미이므로 notice가 적합하다.
	저희가 고객님의 만족에 부흥하지 못하여 고객님께서 응답을 하지 않으셨는지 저희는 걱정이 됩니다. --〉 We are concerned that you may not have responded because we have somehow failed to live up to your expectations. 부흥하다는 "기대에 맞게 행동하다"는 의미인데 "live up to"라는 표현을 활용하면 된다.
	켄싱톤호텔은 고객 한분 한분에게 최상의 경험을 제공해 드리고자 전념하고 있습니다. --〉 At Kensington Hotel, we are committed to providing a superior guest experience to each and every one of our customers. "be committed to+ ~ing"는 "헌신하다, 전념하다"는 의미이며 잘 쓰이는 표현이다.

	저희가 고객님의 기대를 만족시키고자 어떻게 대했는지 잠시 시간을 내주시어 말씀해 주시면 감사하겠습니다. --> We will greatly appreciate that you take a few minutes to tell us how well we met your expectations. “기대를 만족시키다”라는 표현은 meet one's expectiations 이다.
	켄싱톤호텔을 선택해 주셔서 감사합니다. 고객님의 저희숙박에 대해 말씀 듣기를 고대합니다. --> Thank you again for choosing Kensington Hotel, and I look forward to hearing about your stay with us. “look forward to+ ing” “기대하다, 고대하다”의 의미이며 동사가 뒤따를 때는 동명사를 써야 함을 잊지 말자.

4 E-mail 완성

From: Kane Joseph 〈Joseph@kensington.com〉
To: David Kendal 〈ken003@yahoo.com〉
Date: May 15, 2010 PM 15:20:47
Subject: Guest Satisfaction

Dear Kendal

Good afternoon, sir. Recently, we sent you an invitation to complete a Guest Satisfaction Survey concerning your stay with us at Kensington Hotel Washington DC, where you checked out on April 24, 2010. However, we noticed that you did not have time to complete the survey. We are concerned that you may not have responded because we have somehow failed to live up to your expectations. At Kensington Hotel, we are committed to providing a superior guest experience to each and every one of our customers. We will greatly appreciate that you take a few minutes to tell us how well we met your expectations. Thank you again for choosing Kensington Hotel, and I look forward to hearing about your stay with us.

Sincerely yours,

Kensington Hotel World Wide Inc.
President
Joseph R. Kein

unit 16 확인 문제

1 문제로 점검하기 A

1) 다음 중 E-mail의 마무리 표현으로 적절하지 않은 것은 무엇인가?

a) Sincerely yours
b) Yours respectfully
c) Cordially yours
d) Respect

2) 다음 중 E-mail 쓰기에서 발신은 영어로 무엇이라고 간단히 표현하는가?

a) From
b) To
c) Address
d) Date

3) 다음 중 취업을 위한 영어문서에서 자기소개서는 영어로 무엇이라고 하는가?

a) history
b) personal statement
c) self introduction
d) return address

4) 다음 중 E-mail을 영어로 정확하게 표현한 것은?

a) Electric mail
b) Electronic mail
c) Electric material
d) Electronic material

5) 다음 중 "interpersonal skills" 는 개인의 어떤 면을 말하는 것인가?

a) 사람을 해석하는 능력
b) 개인의 인성
c) 대인관계 능력
d) 조직의 적합성

2 문제로 점검하기 B

1) 다음 중 E-mail을 보낼 때 "Subject"는 우리말로 무엇이라고 하는가?

a) 문제
b) 안건
c) 제목
d) 복종

2) 영어 면접에 있어 중요한 요소 중에 한 가지가 답변의 coherence이다. coherence는 무엇을 말하는가?

a) 답의 조직성
b) 답의 구체성
c) 답의 일관성
d) 답의 단순성

3) 영어 면접에서 중요한 요소 중 clarity가 있다. clarity는 무엇을 말하는가?

a) 답의 확실성

b) 답의 명료성

c) 답의 면밀성

d) 답의 깊이정도

4) 다음에서 E-mail 등의 결구를 영어로는 무엇이라고 하는가?

a) Complimentary

b) Complimentary Close

c) Complement Close

d) Coming Close

5) 다음의 " I e-mailed my answer to you" 라는 표현은 어떤 의미인가?

a) 내가 e-mail을 작성했다.

b) 내가 e-mail로 너에게 답장을 보냈다.

c) 내가 e-mail 답장을 작성했다.

d) 내가 e-mail을 보냈다.

3 영작으로 점검하기 A

1) 다음의 영어문장 "귀사에 저를 소개하게 되어 기쁩니다" 로 적절한 것은?

a) I am pleased to introduce me to your company.

b) I am happy to introduced myself to your company.

c) I am pleased to introduce myself for your company.

d) I am pleased to introduce myself to your company.

2) 다음 중 "당신의 장점과 약점을 말씀해 주시겠습니까?"를 영어로 옮긴 것은 바른 것은?

a) Can you tell me what are your strengths and weaknesses?
b) Can you tell to me what your strengths and weaknesses?
c) Can you tell us what your strengths and weaknesses are?
d) Can you tell to us what your strengths and weaknesses are?

3) 다음 중 "둘째라서 그런지 성격이 좋다는 이야기를 듣습니다" 라는 표현을 영어로 옮긴 것은?

a) I am second daughter in my family and I have good temper people say
b) People say that I am second daughter in my family which contributes to my good temper
c) I am the second daughter in my family, which contributes to my good temper people say
d) I am the second daughter in my family which contribute to my good temper people say.

4) 다음 중 "제가 직장생활을 하며 비서로서 느낀 바는 상사와의 원활한 커뮤니케이션이 무엇보다 중요하다는 것 이었습니다"를 영어로 표현한 것으로 적절한 것은?

a) What I felt as a secretary is the functional communication with supervisors is the most important part in the company work.
b) What I felt as a secretary is that the functional communication with supervisors are the most important part in the company work.
c) What I felt as a secretary is that the functional communication with supervisors is most important part in the company work.
d) What I felt as a secretary is that the functional communication with supervisors is the most important part in the company work.

5) 다음 중 "일부 편집된 파일이 아래에 첨부되었습니다."를 영어로 옮긴 것으로 적절한 것은?

a) Some edited files are detached below.
b) Some edited file is to be attached below.
c) Some edited files are attached below.
d) Some edited files are to be attached below.

4 영작으로 점검하기 B

1) "저녁 식사에 초대해 주어 감사합니다"를 영어로 바르게 옮긴 것은?

a) Thank you for the invitation at dinner.
b) Thank you for the invitation for dinner.
c) Thank you for the invitation of dinner.
d) Thank you for the invitation to dinner.

2) 다음 중 "저희가 당신을 실망시켜드렸을까 걱정됩니다" 라는 표현 중 가장 적절한 것은?

a) We are concerning about disappointment of yours.
b) We are concerning about disappoint you.
c) We are concerned with your disappointment.
d) We are concerned that we have disappointed you.

3) 다음 중 "우리는 손님 모든 분들에게 최상의 경험을 제공해 드리고자 전념합니다" 라는 표현으로 적절한 것은?

a) We are committed to providing a superior experience to every guests.
b) We are committed to provide a superior experience to every guest.
c) We are committed to providing a superior experience to every guest.
d) We are committed to providing a superior experience to all guest.

4) 다음 중 "고객님의 저희 숙박에 대해 말씀 듣기를 고대합니다"를 영어로 표현한 것 중 맞는 것은?

a) I look forward to hear about your stay to us.

b) I look forward to hearing of your stay with us.

c) I look forward to hearing about your stay with us.

d) I look forward to hearing about your stay to us.

5) 다음 중 "저의 대인관계 능력은 새로 탄생한 귀사의 영업팀에 도움을 줄 수 있을 것입니다" 라는 표현을 영어로 표현한 것으로 맞는 것은?

a) My interpersonal skills can allow me to helping your newly born sales team.

b) My interpersonal skills help your new born sales team.

c) My interpersonal skills can allow me to help your newly born sales team.

d) My interpersonal skills allow me to help your newly born sales team.

Unit 16 Answer

1 문제로 점검하기 A

1) d
2) a
3) b
4) b
5) c

2 문제로 점검하기 B

1) b
2) c
3) b
4) b
5) b

3 영작으로 점검하기 A

1) d
2) c
3) c
4) d
5) c

4 영작으로 점검하기 B

1) d
2) d
3) c
4) c
5) c

Part II

Sample Part

unit 1 E-mail 샘플 활용하기

아래의 내용들은 직장에서의 다양한 상황에 직면했을 때 유용하게 쓸 수 있는 E-mail 샘플들이다. 여기에 나온 표현들을 잘 정리해서 이용하면 영어실력도 늘고 직장의 업무에도 도움이 될 것이다.

1 이메일 Ⅰ- 파일 첨부할 때

From : Woon@yahoo.co.kr
To : Duglas@gmail.com
Subject : 파일 첨부합니다.

영어 캠프 파일을 보내드립니다. 파일을 다시 한번 확인해보시지요.
감사드립니다.

장문운 드림.

From : Woon@yahoo.co.kr
To : Duglas@gmail.com
Subject : I am sending an attached file.

I am sending the file of English Camp. Check the file again, please.
Thank you.

Sincerely,

Moon-woon Jang

② 이메일 Ⅱ- 의견 찬성할 때

From : Van@yahoo.co.kr

To : IGdisplay@gmail.com

Subject : 사장님이 찬성하십니다.

사장님이 본사 이전에 찬성하십니다. 나중에 미팅 때 자세히 이야기 하시지요.

밴 핸슨.

From : Van@yahoo.co.kr

To : The boss is for it.

Subject : 사장님이 찬성하십니다.

The boss is for the relocation of the headquarters. Let's have a detailed talk about it later in the meeting.

Sincerely yours,

Van Hanson

3 이메일 Ⅲ- 의견 반대할 때

From	: Evra@yahoo.co.kr
To	: KGC@gmail.com
Subject	: 전무님이 반대합니다.

이번 입찰과 관련하여 우리는 귀사의 제안을 고려하고 있지 않습니다.
양사 간의 가격 조정이 되어야 할 것 같습니다.

파멜라 에브라.

From	: Evra@yahoo.co.kr
To	: KGB@gmail.com
Subject	: The managing director is opposed to it.

We do not take your proposal into account concerning the bid this time. The price should be adjusted between the two companies.

Thank you,

Pamela Evra

④ 이메일 Ⅳ – 축하/행운 빌 때

From : Angelina@naver.com

To : blueocean@samgoon.com

Subject : 모든 일에 있어 행운을 빕니다.

사장 승진을 축하합니다. 귀하는 대인관계가 최고수준이십니다. 회사의 새로운 직함에서의 성공을 바랍니다.

안젤리나 강 드림

From : Angelina@naver.com

To : blueocean@samgoon.com

Subject : I wish you the best luck in everything.

Congratulations on your promotion to C.E.O. Your interpersonal skills are on the top level. I wish you all the best in the new position in the company.

Sincerely yours,

Angelina Kang

5 이메일 Ⅴ – 사과할 때

From	: Daniel@hyun.com
To	: sunny@mv.com
Subject	: 폐를 끼쳐 드려서 죄송합니다.

우리 회사의 이사회에서 양사 간의 비슷한 상표와 관련하여 귀사의 요청을 수락했습니다. 귀사의 상표와 유사하지 않게 당사의 상표를 변경할 것을 약속드립니다. 귀사에 폐를 끼쳐 드린 점 사죄드립니다. 다시는 이런 문제가 일어나지 않도록 하겠습니다.

조 다니엘 드림.

From	: Daniel@hyun.com
To	: sunny@mv.com
Subject	: we apologize for the trouble.

The board of directors of our company has accepted your request with regard to the similar emblems between the two companies. We assure you that we will change ours so that it will not be similar to yours. We apologize for the trouble. This will not happen again.

Sincerely yours,

Cho Daniel

6 이메일 Ⅵ – 상품가격인하를 통보 할 때

From : Pole@kbc.co.kr

To : Julliette@nbj.com

Subject : 새로운 가격리스트를 동봉합니다.

제이폰 5가 곧 시장에 출시됨에 따라 당사는 현행 모델의 재고를 이번 달 말까지 35% 할인해서 제공하기로 결정했습니다. 귀사와의 거래를 기대하겠습니다.

해리슨 폴.

From : Pole@kbc.co.kr

To : Julliette@nbj.com

Subject : We have enclosed a new price list.

Since J-phone 5 will be released soon for the market, we decided to offer a 35% reduction on our existing stock until the end of this month. We look forward to serving you soon.

Sincerely yours,

Harrison Pole

⑦ 이메일 Ⅶ- 주문할 때

From : Sung@yahoo.co.kr

To : DavidJang@gmail.com

Subject : 주문 요청합니다.

목사기 10내를 구입하고자 하오니 가격표, 견적서, 배송일에 관한 메일을 빠른 시일 내에 알려 주시기 바랍니다. 감사합니다.

성민성 드림.

From : Sung@yahoo.co.kr

To : DavidJang@gmail.com

Subject : Here is an order.

I would like to purchase 10 copiers and want you to send an e-mail to me concerning the price list, estimate, and delivery date as soon as possible. Thank you.

Sincerely,

Sung, Min sung

8 이메일 Ⅷ – 유감을 전할 때

From : dhsohn@yahoo.co.kr

To : jylee@gmail.com

Subject : 정말 죄송합니다.

배송이 늦어지는 바람에 죄송해서 할 말이 없네요. 정확한 원인을 파악한 후 빨리 조치하도록 하겠습니다.

손대한 드림.

From : dhsohn@yahoo.co.kr

To : jylee@gmail.com

Subject : Please accept our apologies.

We cannot express how we are sorry for the delivery delay. As soon as we identify the exact cause of the delay, we will take care of the delayed delivery as soon as possible.

Sincerely yours,

Sohn Daehan

9 이메일 Ⅸ – 기대감 표현할 때

From : Oh@yahoo.co.kr

To : Alex@gmail.com

Subject : 정말 고맙습니다.

5월 5일 보내주신 메일과 첨부된 파일 잘 받았습니다. 귀사의 신뢰에 감사드리며 앞으로도 저희 신제품 개발에 계속 지원해 주시기 바랍니다.

오지영 올림.

From : Oh@yahoo.co.kr

To : Alex@gmail.com

Subject : Thank you so much

We received the e-mail of May 5 and the attached file. We appreciate your trust and hope to get your continued support on our development of the new products.

Sincerely,

Oh Ji Young

⑩ 이메일 X – 파일 미 첨부 했을 때

From : tim@yahoo.co.kr

To : dong@paran.com

Subject : 죄송합니다. 이 편지를 다시 읽어 주세요.

죄송합니다. 파일이 첨부되지 않았네요. 용서하십시오. 다시 파일을 첨부해서 보내겠습니다.

팀 해리스 드림.

From : tim@yahoo.co.kr

To : dong@paran.com

Subject : Please, read this again.

Please pardon me for not sending the attached file. I am very sorry again. I am going to resend it now.

Sincerely,

Tim Harris

⑪ 이메일 XI – 약속날짜 변경할 때

From : Ann@dome.co.kr

To : Bob@Inkeller.com

Subject : 그날은 안될 듯 합니다.

밥씨, 3월 21일이 시간이 괜찮으시다고 하셨는데요, 죄송하게도 제가 갑작스런 출장을 가게 되었습니다. 저의 사죄를 받아주셨으면 합니다.

앤 올림.

From : Ann@dome.co.kr

To : Bob@Inkeller.com

Subject : I am afraid that I can't make it on that day.

Dear Bob,

You said that March 21 is very convenient for you. Unfortunately I am afraid I am going to be out of town for the urgent business trip. I hope you can accept my sincere apology.

Best regards,

Ann

12 이메일 XII – 사무실 휴무 안내 할 때

From : Robert@amail.com

To : Petty@motoro.com

Subject : 사무실 휴무

당사는 9월 10일부터 9월 13일까지 추석연휴에 쉽니다.
하지만 긴급 업무를 지원할 직원은 상주할 예정입니다.

로버트 펜슨 드림

From : Robert@amail.com

To : Petty@motoro.com

Subject : Chusok holidays

Our company will be closed from Sept. 10 to Sept. 13 during the Chusok holidays. Standby staff for urgent support will be always available during the period.

Best regards,

Robert Penson

13 이메일 XⅢ – 관심을 표명할 때

From	: Daniel@naver.com
To	: behappy@ssamssung.com
Subject	: 디자인 소프트웨어 개발

주지하시는 것처럼, 요즘 영국에서서는 디자인 소프트웨어 개발에 대한 관심이 매우 뜨겁습니다. 저는 귀사가 진행하고 있는 디자인 소프트웨어 프로젝트에 동참하는 것에 대해 관심을 가지고 있습니다.

다니엘 앤더슨 드림.

From	:Daniel@naver.com
To	: behappy@ssamssung.com
Subject	: On the Design Software Development

As you all may know, there is much heated interest in the Design Software Development in England nowadays. I am quite interested in participating in the work with your company on the Design Software Development that your company has been carrying out.

Sincerely,

Daniel Anderson

14 이메일 XⅣ - 답신 요구 할 때

From	: Jinjoo@google.com
To	: Amie@pang.com
Subject	: 답신 부탁드립니다.

요청하신 재료에 대한 답변은 9월 15일 메일로 보냈습니다. 아직 답신이 도착하지 않았는데요 가능하시면 빠른 답신 부탁드립니다.

최 진 주 드림

From	: Jinjoo@google.com
To	: Amie@pang.com
Subject	: I'm waiting for your reply

I sent an e-mail to you on Sep 15 regarding your requested materials. We haven't got your reply yet, please send your response to our materials as soon as possible. Thank you.

Sincerely,

Choi Jin-joo

15 이메일 XV - 다른 사람을 추천할 때

From :Dennis@hyun.com

To : abc@numberone.co.kr

Subject : 지예씨를 추천합니다.

저희 회사에서 6년간 근무한 지에씨를 귀사에 추천합니다. 지예 씨는 일 잘하는 비서이며 영어 실력도 뛰어나서 귀사에서 유능한 인재가 될 것으로 확신합니다.

감사합니다.

데니스 준

From : Dennis@hyun.com

To : abc@numberone.co.kr

Subject : I recommend Miss Jiye.

I recommend Ms. Jiye who worked for our company for 6 years to your company. She has performed well as an excellent secretary and commands English. I am sure that she can be a great asset to your company.

Thank you,

Dennis June

16 이메일 XVI – 채용 확정 통지할 때

From : Sungin@hotmail.com

To : Miae@daum.net

Subject : 지원 감사드립니다.

My Daily에 실린 영업이사 채용 공고에 지원해 주셔서 감사합니다. 대한 반도체 영업이사로 당신을 채용하고자 합니다.

감사합니다.

강성인

From : Sungin@hotmail.com

To : Miae@daum.net

Subject : Thank you for your application

Thank you for your application for the position of Sales Director in the Classified Ads in My Daily. We are happy to offer you the position in Daehan Semiconductor. Ltd.

Thank you,

Sungin Kang

⑰ 이메일 XⅦ - 입원 소식을 문안 할 때

From : Dan@mbs.co.kr

To : Jason@cnk.com

Subject : 몸이 편치 않으시다는 소식을 들었습니다.

어제 입원 하셨다는 소식을 전해 들었습니다. 그 소식에 몹시 당황했습니다. 사업 관련 제가 도울 일이 있다면 어떤 일이든 연락 주십시오.

댄 래드클리프 드림.

From : Dan@mbs.co.kr

To : Jason@cnk.com

Subject : We heard of your sudden illness.

We heard that you were in the hospital yesterday. I was very embarrassed with the news. Please contact me if I can give you a hand in anything concerning the business.

Best regards,

Dan Radcliffe

18 이메일 XⅧ – 모임에 초대 할 때

From : Emma@sbk.co.kr

To : sarah@kyodo.co.kr

Subject : 귀하를 모십니다.

저희 회사는 연례총회를 이번 달 말 8월 31일 금요일 3시에 개최하게 되었습니다. 귀하께서 참석여부를 알려주시면 감사하겠습니다.

엠마 왓슨

From : Emma@sbk.co.kr

To : sarah@kyodo.co.kr

Subject : We are happy to invite you

Our company is going to hold the Annul Convention on Friday, August 31, at 3:00 p.m. Please let us know whether you attend the Convention or not. Thank you.

Sincerely yours,

Emma Watson

⑲ 이메일 XIX – 초대에 참석 할 때

From : Gwyneth@hollywoon.com

To : Emily@votta.com

Subject : 참석하겠습니다.

8월 5일 오후 4시에 개최되는 제품 시연회에 초대해 주셔서 감사합니다. 기꺼이 참석하겠습니다.

기네스 정 드림.

From : Gwyneth@hollywoon.com

To : Emily@votta.com

Subject : I will attend the demonstration.

Thank you for your invitation to the product demonstration on August 5 at 4:00 p.m. I will attend the demonstration with my pleasure.

Sincerely,

Gwyneth Jung

20 이메일 X X - 초대에 불참 할 때

From : Christian@perfume.com

To : josh@ellen.com

Subject : 죄송합니다.

저녁식사 초대해주셔서 정말 감사합니다. 송구스럽게도 그날 회사 출장으로 해외에 나갑니다. 다음번에 참석할 기회를 주시면 감사하겠습니다.

크리스챤 벨 드림.

From : Christian@perfume.com

To : josh@ellen.com

Subject : Please accept my apologies.

I am very much pleased to be invited to your supper. I am really sorry that I go abroad for the company business trip on that day. I hope I can have the second chance next time.

Sincerely yours,

Christian Bell

unit 2 비즈니스 레터 샘플 활용하기

비즈니스 레터처럼 직장에서 많이 쓰는 것도 없을 것이다. 광의의 의미로 보면 e-mail도 비즈니스 레터의 일종이라 할 수 있다. 비즈니스 레터를 작성한 후에는 반드시 문법적인 오류는 없는지 혹은 철자가 틀리지는 않았는지 확인한다. 분명치 않거나 혼동되는 부분이 있으면 반드시 사전을 통해 검토를 해야 한다. 정확한 표현으로 되어있지 않거나 혹은 틀린 표현이 있는 비즈니스 레터는 회사 간 혹은 개인간의 신뢰에 악영향을 준다. 다시 한 번 정확하게 작성되었는지 검토한다.

1 비즈니스 레터 Ⅰ - 감사

Hill ELECTRONICS
987 PARK STREET
NJ, PE 15698
U.S.A.
TEL654-4578 FAX235-5078

1 October, 2011

Mr. Kemp Davis
President
Mountain Corp.
583 South Pine Street
Los Angeles, CA 87354
U.S.A.

Dear Mr. Davis

I would like to tell you that I was deeply touched for the hospitality during my recent visit to Pheonix.. It was the honor to meet you and the boss of your company.

I want that the two companies can have good partnership together. Additionally I will send you the requested materials. Thank you.

I look forward to meeting you in Pheonix.. Thank you again.

Yours sincerely,

Jang Min Hyun
General Manager

I would like to tell you that I was deeply touched for the hospitality during my recent visit to Pheonix.
저의 최근 피닉스 방문 기간 동안 베풀어 주신 친절에 감동받았음을 말씀드리고 싶습니다.

It was the honor to meet you and the boss of your company.
당신과 귀사의 사장님을 만나 뵈어 대단한 영광이었습니다.

I want that the two companies can have good partnership together.
두 회사가 서로 좋은 동반자 관계를 갖기를 바랍니다.

Additionally I will send you the requested materials.
그리고 요청하신 자료를 보냅니다.

I look forward to meeting you in Pheonix.
피닉스에서 만나기를 고대합니다.

Thank you again.
다시 한번 감사합니다.

♪ hospitality : 환대, 친절
♪ partnership : 동반자 관계
♪ requested materials : 요청하신 자료

② 비즈니스 레터 Ⅱ - 예약 완료

Ever HOTEL
91 Square Road
Coolston, Washington 65392
U.S.A.
TEL 523-4597 FAX934-5978

March 5, 2011

Ms. Hyun Kung Lee
Chairman
Hankuk Corp.
468 Happy Wedding Street
New York, NY 89452
U.S..A.

Dear Ms. Hyun Kung Lee,

Thank you for your letter of March 3. As you mentioned in your letter, we surely confirmed one of our excellent rooms for you from April 21 until April 23. We hope you can enjoy your stay with us.

If you have any questions, don't hesitate to call us at 1-800-485-9847.

Best regards,

Jason Bolt
General Manager

Thank you for your letter of March 3.
귀하께서 3월 3일 보내주신 편지 감사합니다.

As you mentioned in your letter, we surely confirmed one of our excellent rooms in our hotel for you from April 21 until April 23.
편지에서 말씀하신 것처럼, 저희는 4월 21일부터 4월 23일까지 저희 호텔에서 가장 좋은 방을 확실히 준비해 두었습니다.

We hope you can enjoy your stay with us.
저희와 함께 머무시는 동안 즐거우시길 빕니다.

If you have any questions, don't hesitate to call us at 1-800-485-9847
만약 질문이 있으시다면 주저하지 마시고 1-800-485-9847로 전화 주십시오.

♪ As you mentioned in your letter : 편지에서 말씀하신 것처럼
♪ confirmed : 확정하다. (확실히 예약하다)
♪ don't hesitate call us : 주저하지 마시고 저희에게 전화주십시오

❸ 비즈니스 레터 Ⅲ – 문의

JIYE Clothing Exporter
69 Red Road
Coolston, Vermont 76893

June 12, 2011

SHPE Fashion Factory
85 Pine Road
Perk, Washington 58725

Dear Sirs,

We happen to see your advertisement in the local newspaper of 'Daily Sun' of Wednesday, May 2.

We want to initiate the business relationship with your company which produces top quality jeans. Our company exports ready-made clothing to South Eastern countries.

We would be happy to get your available discounts and terms of payment.

We anticipate to receive your reply.

Sincerely,

Jiye Bae
Managing Director

We happen to see your advertisement in the local newspaper of 'Daily Sun' of Wednesday, May 2.

5월 2일 수요일자 지역신문 '데일리 선'에 실렸던 귀사의 광고를 우연히 보았습니다.

We want to initiate the business relationship with your company which produces top quality jeans.
최고의 진을 생산하는 귀사와 사업 거래를 시작하고 싶습니다.

Our company exports ready-made clothing to South Eastern countries.
우리 회사는 기성복을 동남아시아 국가에 수출합니다.

We would be happy to get your available discounts and terms of payment.
우리는 가능한 할인을 받고 지불 조건을 알게 된다면 좋겠습니다.

We anticipate to receive your reply.
답신을 기대하겠습니다.

♪ happen to see : 우연히 보다
♪ local newspaper : 지역 신문
♪ initiate the business relationship with: 사업 거래를 시작하다
♪ anticipate : 기대하다

4 비즈니스 레터 Ⅳ - 불만

J.K.O. Book Store.
594 Banpo-dong, Seocho-gu
Seoul, Korea 327-580

March 11, 2010

Jason Drulo
General manager
Forever Books Co.
5873 Bell Ave.
Chicago, IL 27653

Dear Mr. Park

As you know, we ordered 100 books of New TOEIC New Trend. However we haven't received those books yet.

We have asked to have the books before the school opening. Many students demand them before their class begins.

Please send the books up to March 17. We will not receive your books after the arrival date.

Your sincerely,

Min yeon, Jung
Purchasing Manager

As you know, we ordered 100 books of New TOEIC New Trend.
아시다시피 저희는 뉴토익 뉴트렌드 라는 책을 100권 주문했습니다.

However we haven't received the books yet.
하지만 우리는 책들을 아직 받지 못했습니다.

We have asked to have the books before the school opening.
우리는 학교가 시작하기 전에 책을 받게 해달라고 요청했습니다.

Many students demand them before their class begins.
많은 학생들이 수업시작 하기 전에 책들을 받겠다고 요구합니다.

Please send the books up to March 17. We will not receive your books after the arrival date.
3월 17일까지 보내주십시오. 도착날짜가 지나면 책을 받지 않겠습니다.

♪ As you know : 아시다시피
♪ the arrival date : 도착날짜

5 비즈니스 레터 V – 초청

Eastern English Society
43728 Jackson Road
Australia 2876

April 16, 2011

Cho Jong-In
253 Yonghyun-dong,
Nam-gu,
Incheon, Korea 130-791

Dear Mr Cho, Jong-In

It is great honor for us to invite you as a guest speaker in our annual conference. We would like you to give a speech on the subject of Transcendentalism.

The conference will take place at Tommy Hotel on June 21, and your presentation will be from 14:00 to 16:00 p.m. We will call you to talk about your speech in details.
We definitely support your all expenses concerning the conference. Thank you in advance for your speech.

With best regards,

Jammy Kensington
President

It is great honor for us to invite you as a guest speaker in our annual conference.
귀하를 우리의 연례 회담에 초청연사로 모시게 되어 영광입니다.

We would like you to give a speech on the subject of Transcendentalism.
귀하께서는 초절주의라는 주제에 관해서 연설해 주시길 바랍니다.

The conference will take place at Tommy Hotel on June 21, and your presentation will be from 14:00 to 16:00 p.m.
회담은 타미 호텔에서 6월 21일 열리게 되며 귀하의 발표는 2시에서 4시까지입니다.

We will call you to talk about your speech in details.
귀하의 연설에 대해서 상세히 논의하고자 저희가 전화 드리겠습니다.

We definitely support your all expenses concerning the conference.
우리는 확실하게 회담에 관련된 모든 경비를 지원해드립니다.

Thank you in advance for your speech.
귀하의 연설에 대해 미리 감사드립니다.

♪ a guest speaker : 초청 연사
♪ on the subject of : ~을 주제로
♪ concerning : ~에 관련하여
♪ support : 지원하다

⑥ 비즈니스 레터 VI – 할인정보 제공

SEK TRADE INC.
788 Yale 17th ave.
Sacramento, Ca 12544–5685

June 6, 2011

Choi Sang Hee
253 river road
Rancho cordoba, California

Dear Ms. Choi Sang Hee

We are writing to inform you that we have reduced the prices of our product by 50%. This is because our factory moved from Hongkong to China.

Enclosed is our catalogue showing all products with the reduced prices. We are sure that the quality of our product is superior to others. No other product on the market has the same function as our product.

We look forward to receiving your new order.
Thank you

Yours sincerely,

Henny Mark
General Manager

We are writing to inform you that we have reduced the prices of our product by 50%.
당사의 제품을 50% 인하하게 되었음을 알려드리고자 합니다.

This is because our factory moved from Hongkong to China.
이는 당사의 생산 공장을 홍콩에서 중국으로 이전하였기 때문입니다.

Enclosed is our catalogue showing full range of products and the reduced prices.
동봉한 것은 당사의 모든 제품과 인하된 가격이 게재된 카탈로그입니다.

We are sure that the quality of our product is superior to others.
당사 제품의 질이 다른 제품의 질보다 우수함을 확신합니다.

No other product on the market has the same function as our product.
시장에 있는 제품에는 저희 제품과 같은 기능을 가진 제품이 없습니다.

We look forward to receiving your new order.
당신의 신규 주문을 기다리겠습니다.

♪reduced price : 할인가
♪quality : 품질
♪superior to others : 다른 것보다 더 우수한
♪look forward to -ing : -을 고대하다, 기대하다

7 비즈니스 레터 Ⅶ - 요청에 대한 회신

World SS Co.
135 Michigan Ave.
Chicago 60601

September 15, 2010

Mucca Park
47 Randolph St.
Chicago 60661

Dear Ms. Mucca Park

Thank you for your inquiry of September 10 requesting prices on bags. We are happy to let you know that.

KC984444C	$2021.00 USD
OP883927A	$3253.00 USD
QE743732A	$3258.00 USD
SE668689B	$3015.00 USD
UE547636C	$3126.00 USD

We look forward to receiving your reply.
Thank you

Yours sincerely,

Thank you for your inquiry of September 10 requesting prices on bags.
9월 10일 가방 가격 문의에 대해 감사드립니다.

We are happy to let you know that.
저희는 당신에게 정보를 전달하게 되어 기쁩니다.

We look forward to receiving your reply.
당신의 답장을 기다리겠습니다.

♪ inquiry : 조회

8 비즈니스 레터 Ⅷ – 출장

HOP DISPLAY CO.
556 Washington St.
Chicago 66006

April 6, 2008

Edward Kang
General manager
GRAY Office
454 Dearborn St,
Chicago 61161

Dear Mr. Edward Kang

We are sorry to inform you that Jason is out of office from 2th to 13th of April 2008. He is out of town on a business trip right now. He is expected to return on April 14, 2008.

If you have any urgent inquiries, please contact me instead of him. I will let him know your contact as soon as he returns.

We apologize for any inconvenience.

Yours sincerely,

Dan Joy
General Manager

We are sorry to inform you that Jason Muraz is out of office from 2th to 13th of April 2008.
2008년 4월 2일부터 13일까지 제이슨 무라즈씨가 부재 중임을 알려드리게 되어 죄송합니다.

He is out of town on a business trip right now.
그는 현재 출장 중 입니다.

He is expected to return on April 14, 2008.
2008년 4월 14일에 돌아오기로 예정되어 있습니다.

If you have any urgent inquiries, please contact me.
만약 긴급한 질문이 있다면, 저에게 연락 주십시오.

I will let him know your contact as soon as he returns.
그가 돌아오는 즉시, 당신의 연락에 대해 전달하겠습니다.

We apologize for any inconvenience.
불편한 점에 대해 사과드립니다.

♪out of office : 부재 중
♪out of town (on a business trip) : 출장 중
♪contact : 연락
♪inconvenience : 불편, 애로

9 비즈니스 레터 Ⅸ – 답신 확인

Greyhound Canada Corp.
1111 International Blvd, Ste. 700
Burlington, Ontario
171 6W1

August 6, 2010

Bob Miller
Marketing Department
10-232 Main St.
Montreal QC, Canada

Dear Mr. Bob Miller

I sent you an e-mail on July 2 regarding the recommendation. However I haven't received any reply from you. It seems that you didn't receive the previous e-mail I sent you.

I would appreciate your prompt reply.
Thank you in advance for your cooperation.

Yours sincerely,

Jamy Park
General Manager

I sent you a letter on July 2 regarding the recommendation.
7월 2일에 추천서 건에 대해 편지를 보냈습니다.

However I haven't received any reply from you.
하지만 아직 당신으로부터의 회답이 도착하지 않았습니다.

It seems that you didn't receive the previous letter I sent you.
당신은 제가 보낸 메일을 받지 못한 것 같습니다.

I would appreciate your prompt reply.
신속하게 답신해주시면 감사하겠습니다.

Thank you in advance for your cooperation.
미리 당신의 협조에 대해 감사드리는 바입니다.

♪ recommendation : 추천서
♪ It seems that ~ : ~인 것 같다.
♪ prompt reply : 신속한 답신
♪ in advance : 미리
♪ cooperation : 협조, 협력

⑩ 비즈니스 레터 X – 승진 축하

IT ELECTRONICS
56-45 12th St.
Bayside, NY, 11454

December 21, 2009

John Smith
FIEPTH Corp.
54-56 47th St.
Elmhurst, NY 11247

Dear Mr. John Smith

I heard the good news that you were promoted to CEO of your company. I wish you a brilliant career development. Our company look forward to being closer in a relationship.

Please allow me to congratulate you again on your recent promotion.

Best wishes for your continued success.

Sincerely,

Paul Martin
President

I heard the good news that you were promoted to CEO of your company.
저는 당신이 대표이사로 승진하였다는 좋은 소식을 들었습니다.

I wish you a brilliant career development.
저는 당신이 눈부신 경력을 쌓기를 바랍니다.

Our company looks forward to being closer in a relationship.
우리 RPD 전 직원은 더 친밀한 관계를 유지하길 기대합니다.

Allow me to congratulate you again on your recent promotion.
당신의 최근 승진에 대해 다시 한 번 축하드립니다.

Best wishes for your continued success.
당신의 지속적인 성공을 빕니다.

♪ promotion : 승진
♪ brilliant : 눈부신
♪ career : 경력
♪ be closer in a relationship : 친밀한 관계를 맺다 (= a closer relationship)

unit 3 이력서 샘플 활용하기

직장을 구하려는 학생이나 구직자들에게 이력서는 인사담당자에게 자신이 누구인지 밝히는 신원증명과도 같은 것이다. 정확한 표현으로 작성해야 하는 것은 물론이거니와 학력이나 경력을 기입할 경우 가장 최근의 학력이나 경력을 먼저 쓰는 것을 잊어서는 안된다.

1 레쥬메 Ⅰ - 객실 승무원직

LEEM CHA-HEE
854-9 Seocho-dong, Seocho-gu, Seoul 564-885
(02) 511-1234
chacha@jmail.com

OBJECTIVE	Flight Attendant
QUALIFICATIONS	-170 cm with excellent health -A.A. degree - Airline Service Management -2 years' experience in customer relations -Proven ability to handle demanding customers -Excellent teamwork skills
EDUCATION 2008 - 2010	Airline Service Management INTA Technical College, Incheon, Korea
2008 - 2009	Flight Attendant Training Course Fly Fly Fly ACADEMY, Seoul, Korea
EXPERIENCE 2008.6-2009.3	Customer Service Team Leader THE Wedding Hall, Seoul -Provide information to customers and answer customer questions
2008.2	Customer Relations Representative International Flower Exhibition, Daejeon -Provided information to visitors from all over the world

임 차 희

우: 564-885 서울시 서초구 서초동 854-9
(02) 511-1234
chacha@jmail.com

희망 직종	**객실 승무원**
자격	-170cm, 건강 양호 -항공운항과 준학사 졸업 -2년간의 접객 분야 경험 -요구가 많은 고객에 대한 대응 능력 갖춤 -뛰어난 팀워크 능력
학력	항공운항과
2008.3 – 2010.2	인타공업전문대학 (인천)
2009.3 – 2009.12	객실 승무원 양성 코스 수료 플라이 플라이 플라이 교육원 (서울)
경력	고객서비스 팀장
2008.6-2009.3	더 웨딩홀 (서울) -고객의 안내와 문의에 대한 응답 제공
2008.2	고객 관련 담당 국제 꽃 박람회 (대전) -전 세계로부터 온 방문객에게 정보 제공

② 레쥬메 Ⅱ - 국제 비즈니스직

LEE BUM-SU
77 Yangjae-dong, Seocho-gu, Seoul 564-885
(02) 4523-1234
bumsu@smail.com

OBJECTIVE	An entry-level position in international business
QUALIFICATIONS	Good command of English TOEIC 750 Computer skills: Windows, Word and Excel Strong organizational and coordinating Excellent teamwork skills
EDUCATION	MIRAEHANKOOK UNIVERSITY, Incheon Bachelor of Arts in International Business Expected in 2009
ACTIVITIES	International Finance Discussion Club English Study Club Japanese Conversation Club
EMPLOYMENT 2008. 4-2008. 9	POWER Academy taught English and Math to students
2007. 8-2008. 6	Tutor taught English

이 범 수

우: 564-885 서울시 서초구 양재동 77
(02) 4523-1234
bumsu@smail.com

지원분야	국제 비즈니스 분야의 신입직
자격	영어 능통 토익 750점 컴퓨터 능력: 윈도우즈, 워드, 엑셀 가능 강한 조직력 뛰어난 팀워크 스킬
학력	미래한국대학교 (인천) 2009년 국제비즈니스학과 졸업 예정
활동	국제 재무 토론 동아리 영어 스터디 동아리 일본어 컨버세이션 동아리
경력 2008. 4-2008. 9	파워 학원 영어와 수학 가르침
2007. 8-2008. 6	개인 과외 영어 가르침

3 레쥬메 Ⅲ – 비서직

KIM MI-JIN

384-8 Yeoksam-dong, Kangnam-gu, Seoul 146-276
(02) 555-1234
mijin@kmail.com

Secretary

PROFILE	1 year of secretarial experience with international company A.A. in English Literature. TOEIC 750 Computer: MS Word, Excel, Power Point
EXPERIENCE 2010.8 – 2011. 7	**Administrative Assistant (Intern)** SHP INTERNATIONAL, INC., Seoul Interpret for clients from overseas Translate letters and reports from English into Korean Handle e-mail communications with overseas contacts Arrange meeting and travel schedules
2010.3 – 2010. 7	**Interpreter (Volunteer)** Hankook Culture Association Interpret English to Korean
EDUCATION	A.A. in Secretary Service, 2010 INTA TECHNICAL COLLEGE, Seoul ESL Program, 2009 AMERICA ENGLISH SCHOOL
REFERENCE	Available upon request

김 미 진

우:146-276 서울시 강남구 역삼동 384-8
(02) 555-1234
mijin@kmail.com

비서

프로필	국제기업에서의 비서 경험 1년 영문학과 준학사 자격 토익 750점 컴퓨터 능력 : MS 워드, 엑셀, 파워포인트
경력 2010.8 – 2011. 7	사무 행정 비서 (인턴) SHP INTERNATIONAL, INC., Seoul 해외 고객을 위해 통역 편지나 보고서를 영한 번역 해외 거래처와 이메일 커뮤니케이션 회의와 출장 스케줄 편성
2010.3 – 2010. 7	통역사 (자원봉사자) 한국 문화 협회 영한 통역
학력	2010년 비서학과 준학사 취득 인타공전 졸업 (서울) 2009년 ESL 과정 수료 아메리카잉글리쉬스쿨
추천서	요청 시 제출 가능

④ 레쥬메 Ⅳ – 인사직

CHOI WON HO

57 Imun-dong, Dongdaemun-gu, Seoul 185-245
(02) 856-9999
minho@amail.com

HR Resources

OBJECTIVE
An entry-level position in HR Resources

PROFILE
1 year of experience in HR Resources Department
B.A. in Computer Science
Proven ability to have precision, punctuality and good communication skills
Computer: MS Word, Excel, Publisher
Fluent in English (TOEIC 820)

EXPERIENCE
HR Assistant 2005.04 – 2006.03
⊙ Reviewed resumes and selected applicants
⊙ Provided general office work to HR and Assistant HR Managers

EDUCATION
Bachelor of Art in Computer Science, IT UNIVERSITY, Seoul, 2005

COMPUTER SKILLS
Windows, MS Word, Excel and Publisher, Works, Apprach(Database), HTML

REFERENCE
Available upon request

최 원 호

우: 185-245 서울시 동대문구 이문동 57
(02) 856-9999
wonho@amail.com

인사과

지원분야

인사과 신입직

프로필

1년간의 인사과 경험
컴퓨터 공학 학사 학위
정확성, 시간엄수, 우수한 소통 능력
컴퓨터 능력: MS 워드, 엑셀, 퍼블리셔
유창한 영어 구사 (토익 820점)

경력

인사 보조 2005.04 - 2006.03
⊙ 이력서 심사 및 지원자 선별
⊙ 인사 매니저와 어시스턴트 인사 매니저를 도와 일반사무 업무 수행

학력

컴퓨터 공학 학사, 아이티 대학교, 서울, 2005

컴퓨터 기술

윈도우즈, MS워드, 엑셀, 퍼블리셔, 어프로치(데이터베이스), HTML

참조인

요청 시 제출 가능

5 레쥬메 V – 마케팅직

SUKJIN LEE
SIN: 880526-2545***
76 Kangnam 1dong
Gangnam-gu, Seoul, Korea
Home: 02-823-9567
Cell: 010-823-9567
E-mail: sukjinlee@soemail.com

OBJECTIVE
An entry-level position in marketing

EDUCATION
MAR. 2006- Feb. 2010
Hankuk University, Seoul, Korea
Bachelor of Business administration
Dean's List, 3.5/4.5 GPA

WORK EXPERIENCE
Sept. 2007- present
Total DB Korea, Seoul, Korea: Part-time Researcher
Manage general research task

EXTRA-CURRICULAR ACTIVITIES
Mar. 2006-Feb. 2010
Business Students' Association, Hankuk University: Secretary
Managed budgets

QUALIFICATIONS
-Proficient in Micro Office, general Internet search
-Fluent in English (TOEIC 900)

REFERENCES
Available Upon Request

이 석 진

주민등록번호: 880526-2545***

서울시 강남구

강남1동 76

전화: 02-823-9567

휴대폰: 010-823-9567

이메일: sukjinlee@soemail.com

희망직종

마케팅부서의 신입직

학력

2006년 3월- 2010년 2월
한국대학교 (서울)
경영학 학사
장학생, 학점: 3.5/4.5

경력

2007년 9월- 현재
토탈 데이타베이스 한국(서울): 파트 타임 연구원
일반적인 조사업무 수행

과외 활동

2006년 3월- 2010년 2월
경영학 학생 협회, 한국대학교: 총무
예산 관리

자격

-마이크로 오피스 및 전반적인 인터넷 검색 능숙
-유창한 영어능력 (토익: 900점)

참조인

요청에 따라 제출

6 레쥬메 VI - 호텔 매니저직

Lo Soon-gum
89 Seocho-dong, Seocho-gu, Seoul 159-699
(02) 512-7842
mary@pmail.com

OBJECTIVE	HOTEL GENERAL MANAGER
QUALIFICATIONS	-4 years of experience in the same field -A.A. degree in Customer Service Management -Able to work under time and pressures -Proven ability to handle demanding customers
EDUCATION 2005 - 2009	Customer Service Management TOP FIVE College, Seoul, Korea
2006 summer	Training For General Manager Korea Best Hotel Association, Pusan, Korea
2006 spring	Extensive Management Techniques Courses DAEHAN University, Seoul, Korea
Work EXPERIENCE 2009 - present	General Manager Grand Hyatt Seoul, Seoul -Trained all office staff -Handled customer service inquiries -Planned schedules for entire office staff
2008.2	-Assistant General Manager -Support General manager -Improved customer satisfaction

노 순 금

우:159-699 서울시 서초구 서초동 89
(02) 512-7842
mary@pmail.com

<u>지원 분야</u>	호텔 총지배인
<u>자격</u>	-4년의 같은 분야 업무 경험 -고객 서비스 학과 준학사 -시간과 과중한 업무 처리 능력 -요구가 많은 고객 대응 능력
<u>학력</u> 2003 - 2007	고객서비스학과 TOP FIVE 전문대학 (서울)
2006 여름	총지배인을 향한 연수 한국 최고 호텔 협회 (부산)
2006 봄	집중 경영 기술 과정 대한대학교 (서울)
<u>경력</u> 2007 - 현재	총지배인 그랜드 하얏트 호텔 (서울) -전 직원 훈련 -고객 문의 처리 -전 직원 스케줄 계획
2008.2	부 총지배인 -총지배인 지원 -고객만족 향상

7 레쥬메 Ⅶ - 은행직

KIM MIN YOUNG
789 Gangnam 2dong
Gangnam-gu, Seoul, Korea
Home: 02-623-4567
Cell: 010-623-4567
E-mail: MIN@qmail.com

OBJECTIVE
A Bank Clerk

EDUCATION
MAR. 2000 – Feb. 2005
Seoul University, Seoul, Korea
Bachelor of Economics

STRENGTHS
Excellent quantitative and analytical skills of statistics
Managerial skills to handle clients
Excellent in calculation
Meticulous

QUALIFICATIONS
-Proficient in MS Office
-Fluent in English (TOEIC 900)

REFERENCES
Available Upon Request

김 민 영

서울시 강남구
강남2동 789
Home: 02-623-6567
Cell: 010-623-6567
E-mail: MIN@qmail.com

희망 식종
은행원

학력
2000년 3월 - 2005년 2월
서울대학교 (서울)
경제학 학사

강점
통계 관련 뛰어난 수치 및 분석 능력
고객을 다루는 관리 능력
숫자 처리 능력
꼼꼼함

자격
-능숙한 MS 오피스 실력
-유창한 영어 능력 (토익 900점)

추천인
요청에 따라 제출

8 레쥬메 Ⅷ – 영업직

Lee Jiyoung

454-9, Songnae 1-dong, Sosa-gu, Bucheon-si,
Gyeonggi-do 422-710 KOREA
Home: 02-163-4867
Cell: 010-163-4867
E-mail: jiyoung@qmail.com

OBJECTIVE

Sales representative

EXPERIENC

Mar. 2006 – present

SaePyoung International Co.

-Sold watches to contractors

-Maintained good relationships with customers

EDUCATION

Mar. 1999 – Feb. 2005

B.A. in Chinese literature

Duksung University, Seoul, Korea

Oct. 2002 – Sept. 2003

Business English

English Language Institute, Australia

STRENGTHS

Strong Oral skills

Able to accept responsibility

Fluent in Chinese and English

People skills

REFERENCES

Available Upon Request

이 지 영

경기도 부천시 소사구 송내1동 454-9
우:422-710
전화: 02-163-4867
휴대폰: 010-163-4867
이메일: jiyoung@qmail.com

희망 분야

영업직

경력

2006년 3월 - 현재
세평 국제 회사
-하청업체에 시계 판매
-고객들과의 좋은 관계 유지

학력

1999년 3월 - 2005년 2월
중문학과 학사
덕성 대학교

2002년 10월 - 2003년 9월
비즈니스 잉글리쉬 과정
잉글리쉬 랭귀지 어학원(호주)

강점

뛰어난 화술 능력
책임감 준수 능력
유창한 중국어와 영어 실력
대인 관계 기술

추천인

요청에 따라 제출 가능

9 레쥬메 Ⅸ - 교육직

TAEBONG PARK

458-3 Seohyeon-dong, Bundang-gu, Seongnam-si,
Gyeonggi-do 463-773 KOREA
Home: 02-723-4566
Cell: 010-723-4566
E-mail: taebong@dmail.net

EDUCATION	Mar. 2006- Feb. 2010 B.A. in Education Canada University, Vancouver, Canada
WORK EXPERIENCE	• 2008 - present English Instructor, ESL Academy • 2007 - 2009 English Instructor, WHY English Institute • 2006 - 2009 English Instructor, SHK Academy • 2006 - 2007 English Instructor, E-English Academy • 2006 - 2007 English Instructor, BBC Institute
ACTIVITIES	Mar. 2006-Feb. 2010 Korea Students' Association, Canada University: president
QUALIFICATIONS	Proficient in MS Word, Excel Fluent in English (TOEIC 950)
REFERENCES	Available Upon Request

박 태 봉

경기도 성남시 분당구 서현동 458-3
우: 463-773
전화: 02-723-4566
휴대폰: 010-723-4566
이메일: taebong@dmail.net

학력	2006년 3월- 2010년 2월 교육학 학사 캐나다대학교 (밴쿠버)
경력	• 2008 – 현재 영어강사, ESL 학원 • 2007 – 2009 영어강사, WHY 영어교육원 • 2006 – 2009 영어강사, SHK 학원 • 2006 – 2007 영어강사, E-영어전문학원 • 2006 – 2007 영어강사, BBC 학원
활동	2006년 3월 - 2010년 2월 캐나다 대학교 한국 학생 협회 회장
자격	MS 워드, 엑셀 능숙 영어 유창 (토익 950점)
참조인	요청 시 제출

⑩ 레쥬메 X – 번역직

<table>
<tr><td colspan="2">LEE JAE-MO

1305 Chang-dong,
Dobong-gu, Seoul, Korea
(02) 784-1294
jaemo@kmail.com

Translator</td></tr>
<tr><td>PROFILE</td><td>6 years of experience in translation
B.A. in English Language.
TOEIC 980
Computer: MS Word, Excel. PowerPoint</td></tr>
<tr><td>EXPERIENCE
2008.8 – 2011. 7</td><td>Senior Translator
NO. 1 INTERNATIONAL TRADE , INC., Seoul
Translate letters and reports from English into Korean
Handle e-mail communications with overseas contacts</td></tr>
<tr><td>2006.3 – 2008. 7</td><td>Translator
PPR INTERNATIONAL, INC., Daegu
Translate letters and reports form English into Korean
Interpret English to Korean</td></tr>
<tr><td>2004.5 – 2005.12</td><td>Assistant Translator
HAPPY HOUSE COMPANY
Translate letters and reports form English into Korea
Assist Main Translators in their work</td></tr>
<tr><td>EDUCATION</td><td>B.A. in English Language, 2004
Hankook University of Foreign Studies, Seoul

ESL Program, 2002
Canada English School</td></tr>
</table>

이 재 모

서울시 도봉구 창동 1305
(02) 784-1294
jaemo@kmail.com

번역가

프로필	6년간의 번역가 활동 영어학 학사. 토익 980점 컴퓨터 활용: MS워드, 엑셀, 파워포인트
경력 2008.8 – 2011. 7	상임 번역가 NO. 1 국제무역회사 (서울) 편지나 보고서를 영한 번역 해외 거래처와 이메일 커뮤니케이션 업무
2006.3 – 2008. 7	번역가 PPR 국제회사 (대구) 편지나 보고서를 영한 번역 영한 통역
2004.5 – 2005.12	보조 번역가 해피 하우스 회사 편지나 보고서를 영한 번역 번역가 보조 작업
학력	2004년 영어학 학사 한국외국어대학교 (서울) 2002년 ESL 과정 수료 캐나다 어학원

unit 4 문서용 어휘

- 공식 문서용 어휘와 일상 어휘의 비교 -

공식 문서에 쓰이는 어휘와 일상생활에 쓰이는 어휘를 비교하여 놓았다. 문서 작성시 참조하면 많은 도움이 된다.

아무래도 공식 문서에는 공식 어휘를 쓰는 것이 공신력과 신뢰를 높이는 계기가 된다.

공식문서 어휘	일상 어휘
abandon	desert, discard, stop, discontinue, leave, quit, abdicate,
abate	lessen, weaken, decline, diminish, reduce, calm down, decrease,
accident	blow, hazard, collision, disaster, mishap, misfortune,
accuse	allege, betray, blame, charge, arrest, attack,
acknowledge	acquiesce, approve, accept, agree, allow, admit, grant
acoustics	echo, sound, noise, sound properties, sound transmission
(be) acquainted with	trained, informed, cultured, expert, skilled, cultivated, know
acquire	catch, take, achieve, attain, have, grab, gain, gather, get

acute	sharpened, keen, knifelike, needle-shaped, peaked
address	discuss, greet, discourse, speak (to), talk (to), focus (on)
adhere	fix, glue, attach, cleave, unite, cohere, stick (to), cling
admonish	advise, counsel, rebuke, check, exhort, notice, warn, scold
adopt	accept, adapt, affirm, approve, assent, assume, borrow, endorse
adorn	ornament, embellish, decorate, beautify, deck (with), dress up
advance	move forward[ahead], lead, go ahead
advantageous	opportune, worthwhile, beneficial, fortunate, helpful, useful
adventurous	daring, brave, audacious, bold, courageous, thrill-seeking
adversity	distress, misery, suffering, disaster, hardship, ill luck, trial
advice	tip, aid, view, warning, counsel, opinion, instruction, help, tip-off, hint
aesthetic	creative, gorgeous, artistic, inventive
affectionate	friendly, kind, tender, dear, devoted, loving, fond, warm
affirm	attest, assert, confirm, certify, aver, say (firmly), insist, claim
affluent	well-to-do, rich, opulent, prosperous, moneyed, well-off

aged	wane, mature, grow, old, develop, ripen
agility	expedition, rapidity, activity, dispatch, speed, quickness
agitate	stir, toss, beat, rock, convulse, shake, stir up, move, disturb
aid	backup, advice, advocacy, benefit, care, charity, guidance, help
aim	ambition, course, design, desire, aspiration, intent, intention
alien (to)	contrary, inappropriate, exotic, conflicting, strange, opposed
alleviate	allay, ease, pacify, lighten, soften, lessen, pacify, mollify
allotment	cut, end, allocation, bite, grant, lot, part, measure, slice, share, portion
allow	grant, acquiesce, confess, let on, own, let, permit, concede
allude to, refer to	speak of, bring up, talk about, touch on, point, refer, suggest
altar	font, reredos, chantry, shrine, retable, tabernacle
alteration	shift, revision, switch, turn, conversion, change, variation
amazement	marvel, shock, wonder, admiration, confusion, surprise, awe
ambiguous	enigmatic, cryptic, uncertain, obscure, doubtful, vague, unclear,
amiable	cheerful, delightful, warm, lovable, affable, attractive, charming

amicable	harmonious, kind, peaceful, friendly, helpful, polite, sociable
amiss	bad, confused, erroneous, fallacious, faulty, foul, incorrect
ample	large, big, enough, full, broad, capacious, roomy, bountiful, wide
ancient	archaic, primal, old, remote, antique, antiquated, relic, primeval
anticipate	expect, foresee, see, assume, forecast, await, suppose, look for
apathetic	indifferent, unconcerned, impassive, stoic, unfeeling, unemotional
appear	come, emerge, expose, arise, arrive, occur, present, show
appraise	assess, audit, evaluate, examine, gauge, inspect, value
appreciate	thank, be grateful for, acknowledge, enjoy, welcome, flip over,
apprehension	disquiet, fear, alarm, concern, doubt, worry, uneasiness
appropriate	apt, correct, fit, proper, applicable, apropos, fit, suitable, relevant
approximately	around, almost, closely, about, close to, generally, roughly
ardent	hot, eager, zealous hot-blooded, avid, burning, passionate, thirsty,
arduous	harsh, tough, heavy, difficult, painful, hard, rigorous, tough
argue	battle, disagree, dispute, quarrel, rehash, feud

arrange	file, organize, form, plan, draw up, fix, rank, range, sort, work out,
ascertain	determine, find out, fix, check, confirm, establish, settle, verify
assert	argue, say (firmly), attest, affirm, allege, cite, profess, state, swear
assist	expedite, aid, help, abet, support, sustain, work for, take care
astonishment	wonder, shock, amazement, surprise, confusion, astoundment
at present	directly, now, presently, right away, right now, currently
attain	earn grasp, obtain, win, acquire, effect, get, fulfill, gain
attempt	aim, strive, try, make effort, undertake, venture, take on
auspicious	happy, hopeful, lucky, encouraging, favorable, fortunate, bright
authentic	actual, pure, real, genuine, credible, true, faithful, valid, sure
(be) aware of	alive, attentive, cognizant, knowledgeable, alert, informed,
barbarous	wild, heartless, brutal, inhuman, crude, savage, rude, sadistic
bear	convey, deliver, carry, bring, fetch, transfer, transport, take, move
beard	brave, face, oppose, stand up to
behave	operate, perform, act, react, work, run, take, function
belated	remiss, delayed, late, slow, tardy, behind time, unpunctual

benevolence	goodness, felling, charity, good will, amity, kindness, mercy, friendship
benign	warm, mild, amiable, kindly, calm, soft, genial, good, favorable
bestow	donate, gift, give, devote, give away, grant, offer, hand out
beverage	liquor, drinkable, drink, liquid, draft, potable, potation
bid	propose, render, submit, proffer, present, venture
blaze	light, outburst, fire, flame, combustion, bonfire, conflagration
blend	composite, amalgam, mix, mingle, combination, fusion, union, mixture
blunder	boner, error, mistake, error, slip, lapse, goof, fault, flub, dumb
bombard	attack, bomb, assail, assault, attack, beset, blast, strike, pound
brief	bluff, blunt, short, abrupt, concise, crisp, curt, hasty, limited, pithy
broad	capacious, large, wide, deep, immense, full, vast, widespread
bypass	ignore, let go, neglect, omit, pass around, detour
camouflage	blind, feign, disguise, cover up, hide, cover, mask, paint, shade
capture	grasp, arrest, catch, seize, hook, taking, trip, occupation
cast	fling, lob, throw, pitch, shooting, toss, thrust, sling, ejection
cease	back off, close, stop, conclude, drop, end, fail, finish, halt

celebrated	eminent, notable, famous, well-known, popular, renowned
celerity	speed, hurry, haste, quickness, hustle, rapidity, gait, alacrity
celestial	angelic, astral, divine, eternal, hallowed, holy, immortal
chase	charge, drive away, hunt, rush, expel, seek, track, trail, speed
circular	ring-shaped, circinate, round, curved, circling, oblique
circulate	circle, move around, revolve, rotate, travel, wander, flow
circumvent	beat, evade, avoid, bypass, deceive, shun, escape, elude, evade
close	shutter, fold, halt, shut down, button up, wrap up, conclude
coarse	chapped, crude, bumpy, rough, sandy, lumpy, harsh, loose, rugged
coax	allure, flastter, cajole, entice, tempt, tease, urge, soothe
cohesive	adhesive, sticky, gummy, gluey, viscid
collaborate	join, collude, aid, coact, concur, cooperate, get together, hook up
collation	examination, resemblance, comparison, relationship, relation
collect	aggregate, amass, gather, array, cluster, compile, convene
colloquial	casual, popular, conversational, informal, common, chatty, demotic
combine	link, bind, join, unite, bond, cooperate, compound, fuse, merge

comely	attractive, becoming, fair, fine, good-looking, gorgeous
comfortable	at ease, happy, cozy, snug, content, glad, easy, loose
comical	witty, whimsical, flaky, funny, campy, fool, goofy, joking, silly
commence	arise, launch, start, begin, enter upon, take up
commend	recommend, advocate, praise, applaud, approve, boost, build
commit	act, perform, do, carry out, accomplish, achieve, complete
commonly	generally, usually, often, frequently, ordinarily, regularly
communal	common, community, cooperative, general, joint, mutual, public
companion	friend, helper, partner, fellow, assistant, associate, colleague
comparatively	analogously, approximately, relatively, partly, similarly
comparison	contrast, correlation, analogy, connection, example, identification
competent	capable, qualified, adapted, able, apt, adequate, appropriate
complete (verb)	close, conclude, accomplish, achieve, perform, settle, realize
complete (adj.)	whole, entire, full, total, full, gross, organic, thorough, exhaustive
comrade	buddy, companion, friend, mate, pal, partner, associate, sidekick
conceal	disguise, bury, hide, cover, duck, ditch, lurk, cover, mask, shelter

concede	fold, cede, accept, admit, confess, grant, quit, waive, yield
concerning	as regards, relevant to, about, regarding, respecting, related to
concerted	mutual, joint, united, collaborative, combined, agreed upon
concrete	solid, firm, real, actual, accurate, tangible, substantial, objective
condone	forget, disregard, forgive, excuse, ignore, remit, overlook, pardon
conduct	care, charge, control, guidance, handling, plan, policy
confidence	faith, hope, trust, belief, stock, reliance, store, credence
conflict	battle, fight, quarrel, clash, collision, combat, competition,
confront	resist, affront, face, meet, encounter, scorn, oppose, withstand
congregate	flock, meet, muster, gather, get together, pack, raise, rally, throng
conjecture	suppose, deem, guess, assume, estimate, expect, conceive, believe
consent	accede, concede, agree, yield, allow, accept, acquiesce
consequently	as a consequence, therefore, so, thereupon, wherefore, accordingly
conservative	conventional, inflexible, fearful, firm, controlled, constant
consider	concede, consult, meditate, think, acknowledge, inspect, contemplate
considerable	sizable, abundant, ample, big, large, marked, bountiful, great, huge

constrain	drive, urge, ban, compel, force, bind, confine, imprison, jail
construct	assemble, compose, compound, build, constitute, establish
consult	argue, debate, consider, ask, inquire, interview, negotiate
consume	use up, absorb, apply, devour, exhaust, eat, drink, drain
consumer	buyer, customer, purchaser, user, shopper, enjoyer
consummate	achieve, carry out, accomplish, make perfect, clean up, compass
contain	include, accommodate, embody, hold, carry, enclose, involve
contingent	incidental, odd, uncertain, possible, unexpected, unforeseen, accidental
contort	disfigure, bend, twist, distort, curve, knot, torture, wind, writhe
contradict	gainsay, disprove, confute, deny, disagree, controvert, oppose
contribute	provide, assign, give, donate, bestow, devote, endow, share, grant
contrite	apologetic, sorry, sorrowful, repentant, humble, attritional
converse	chat, confer, talk, speak, discourse, exchange, use, gab, commune
convey	bring, conduct, carry, send, bear, fetch, forward, grant, guide, lead
corpulent	chubby, bulky, fat (and heavy), gross, obese, large, plump, tubby
counterfeit	phony, deceptive, false, fake, delusive, misleading, mock, queer

courageous	bold, adventurous, brave, fearless, daring, gallant, gutsy, heroic
culminate	finish, end, ripen, complete, stop, conclude, discontinue, halt, quit
cult	church, clan, creed, faith, party, religion, persuasion
current	flood, flux, river, course, drift, rush, stream, tide, juice
custody	keeping, observation, care, watch, management, protection, salvation
decease	expire, cease, die, pass away, depart, drop, go, pass, perish
decline	turn down, abstain, demur, refuse, reject, deny, reject, refuse
deem	assume, believe, think, consider, esteem, estimate, presume, guess
deface	damage, demolish, destroy, distort, harm, ruin, scratch
defect	blur, defect, flaw, fault, disgrace, imperfection, lump, tarnish, scar
defend	cover, fight, battle, hold, guard, protect, retain, secure, sustain
defer	block, extend, hinder, put off, delay, impede, obstruct, postpone
deluge	barrage, flux, flood, cataclysm, pour, rush, spate, torrent
demand	appeal, beg, bid, claim, need, ask for, force, expect, hit, pray
demise	collapse, downfall, dying, death, fate, end, fall, ruin, passing
demolish	break, burst, crush, defeat, devour, ruin, smash, take out, dismantle

demonstrate	tell, expose, exhibit, show (off), display, prove, manifest, test, try
denominate	designate, name, call, label, title, dub, entitle
denote	designate, announce, argue, mark, mean, evidence, express, flash
deplore	regret, condemn, carry on, bemoan, mourn, cry, hate, lament
deploy	set up, unfold, use, utilize, spread out, position, open, extend
descend	fall, sink, go down, drop, collapse, drop, fall, incline, ground
desert	solitary, sterile, bare, arid, desolate, wild, lonely, untilled
desire	longing, wish, want to, admiration, ardor, eagerness, fancy, love
desperate	despondent, goner, hard up, hopeless, futile, sad, vain
despite	against, although, in spite of, regardless of, even though
detach	part, cut off, disconnect, sever, divide, disaffiliate, disassemble
difficult	heavy, irritating, hard, crucial, laborious, painful, problem
digit	fork, finger, hook, fang, claw, thumb, toe, pinkie
digress	drift, ramble, wander, depart, divagate, aberrate
dilate	enlarge, expand, swell, widen, distend, develop, prolong, protract
diminish	decline, decrease, lessen, reduce, depreciate, drain, dwindle, shrink

discharge	excuse, discard, bump, fire, expel, lay off, remove, let go, replace
discipline	training, conduct, drill, regimen, control, education, exercise
disclose	reveal, show, uncover, admit, display, discover, expose
disconcert	baffle, disgust, upset, confuse, distress, trouble, tease, torment
disconsolate	cold, dark, bad, gloomy, blue, sorrowful, miserable, melancholy
discourteous	boorish, insolent, rustic, rude, impolite, brusque, uncouth
disease	calamity, pain, plague, illness, sickness, suffering, trial, tribulation
disgrace	mortify, lower, humiliate, shame, reduce, humble, dishonor
disgraceful	low, contemptible, shameful, embarrassing, degrading, mean
dispatch	hurry, accelerate, address, send fast, hasten, issue, forward
dispense	allot, divide, give, portion, share, allocate, distribute
disperse	distribute, broadcast, scatter, cast forth, spray, spread, radiate
displace	transpose, unsettle, uproot, move, shift, disturb, eject, expel
displease	irritate, anger, bother, chagrin, upset, annoy, disgust, hurt
disregard	overlook, disdain, contempt, ignore, neglect, indifference, lethargy

dissimilar	different, contradictory, unlike, contrary, disparate
dissipate	disperse, scatter, spread, dispel, dissolve, vanish
dissociate	alienate, detach, abstract, disrupt, distance, isolate, scatter
dissolve	fade, end, melt, thaw, decline, break down, dwindle, vanish
distant	apart, indirect, far, further, isolated, obscure, remote, removed
distress	annoy, bug, bother, upset, harass, hurt, irritate, nag
distrust	misdoubt, misgiving, doubt, suspect, mistrust, question, suspicion
donate	bestow, confer, give, award, contribute, devote, grant, present
donation	allowance, gift, aid, assistance, charity, lump, offering
dormant	inert, latent, lethargic, potential, slack, smoldering
draw	draft, attract, pull, drag, extract, hook, gather, pick, pump
dubious	vague, hesitant, debatable, unsure, doubtful, diffident, indecisive
dwell	continue, exist, live, abide, inhabit, locate, lodge, nest, occupy
egocentric	egotistical, narcissistic, selfish, conceited, self-centered
ejaculate	shout, eject, utter, cry, call out, yell, bark, howl, holler, screech

eject	displace, emit, expel, erupt, discharge, get rid of
elevated	erect, uphold, raised, high, uplift, rear, heighten, jack up
embark	begin, start, enter, board, set sail, commence, launch
embrace	adopt, grab, hug, accept, grasp, squeeze, envelop, fold, wrap
employ	apply, bestow, engage, exercise, use, hire, exert, fill, occupy
encounter	face, meet, come upon, run into, confront, bear, find, undergo
encroach	crash, appropriate, meddle, intrude, squeeze in, work in
endeavor	try, make an effort, attempt, apply, strive, undertake
endorsement	support, authorization, approval, backing, favor, permission
endowment	grant, talent, gift, donation, award, fund, donation, legacy
enhance	improve, embellish, boost, better, heighten, adorn, increase, lift
entire	full, total, all, all, whole, gross, intact, integral, plenary
enumerate	list, calculate, cite, count, figure, detail, reckon, sum, tally
equalize	equal, compare, equate, match, socialize, trim, coordinate
equitable	fair, level, impersonal, just, impartial, honest, moral
error	blunder, boo-boo, mistake, absurdity, delusion, erratum, fallacy

especially	specially, particularly
evident	barefaced, conspicuous, clear, apparent, fact, obvious, plain
excessively	extravagantly, very, extremely, too (much), unreasonably
exhaust	bankrupt, burn out, cripple, tire, wear out, disable, fatigue
exhibit	express, flash, indicate, show, expose, reveal, disclose, advertise
exhilarate	animate, boost, pick up, rejoice, send, stimulate, uplift
expansive	open, outgoing, broad, wide, large, great, thorough, widespread
expend	pay out, exhaust, consume, spend, use up, dispense, disburse
expire	close, cease, die, finish, conclude, elapse, perish, quit, pass
extinguish	kill, destroy, eliminate, quench, put out, end, erase, remove
extremely	greatly, very, quite, awfully, utterly, highly, rarely, drastically
facilitate	aid, ease, hand-carry, help, make easy, promote, smooth
fade	dim, disappear, dull, pale, vanish, bleach, blench
faith	assent, belief, trust, acceptance, certainty, credence, credit
fatigued	burned out, tired, beat, dead, all in, fagged out, exhausted
ferment	agitation, commotion, convulsion, clamor, fever, frenzy
festive	joyful, merry, gay, carnival, convivial, hearty, happy, jolly

flourish	grow, thrive, bloom, succeed, prosper, bloom, do well, get on
flout	defy, deride, disregard, insult, ridicule, sneer, taunt
foolish	silly, idiotic, absurd, stupid, ridiculous, jerky
forenoon	AM, morning, after midnight, dawn, daybreak, sunrise
fortitude	bravery, boldness, backbone, endurance, determination
forward	dispatch, send, deliver, express, ship, post, remit, transmit
fountain	root, source, spring, stream, cause, gush, origin, jet
fragile	delicate, feeble, frail, flimsy, slight, weak, brittle
fragmentary	disconnected, fractional, incomplete, partial, part, scrappy
fraudulent	fake, lying, deceptive, false, deceitful, dishonest
frequently	commonly, generally, often, regularly, usually
funeral	burial, cremation, interment, obsequies
furnish	bestow, deliver, feed, grant, give, afford, hand, present, offer
futile	wasted, hopeless, barren, useless, vain, empty, forlorn, delusive
fuzzy	flossy, frizzy, furry, hairy, woolly, napped, downy
garment	attire, costume, dress, clothes, apparel, outfit, uniform

grant	admit, allow, allot, assign, give, agree, assume, bestow
gratitude	acknowledgment, honor, thanks, response, recognition, praise
grievous	sorrowful, severe, painful, ssad, unhappy, erious, grave, mournful
hazardous	risky, difficult, hairy, insecure, dangerous, perilous, parlous
heap	bulk, bank, lot, lump, mass, much, store, whole, total
hence	so, for that reason, thus, therefore, accordingly, consequently
henceforth	form now on, in future, hereafter, form this time forth
homogeneous	same, alike, uniform, comparable, compatible, equal, solid
however	nonetheless, howbeit, in spite of, but, despite, though, yet
hypocritical	deceptive, insincere, false, two-faced
hypothesis	conclusion, condition, data, axiom, basis, layout, inference
hysterical	fiery, frantic, crazy, neurotic, passionate, nervous
identical	equal, ditto, double, duplicate, same, alike, exact, equivalent
immature	young, inexperienced, adolescent, unripe, raw, baby, childish
immoral	evil, sinful, bad, corrupt, wrong, wicked, depraved, dishonest
impartial	unbiased, disinterested, fair, just, dispassionate, candid, equal

impeccable	faultless, perfect, flawless, excellent, complete, ideal, thorough
impede	block, cut off, hinder, bar, disconcert, oppose, interfere
impel	boost, compel, constrain, drive, force, excite, force
impenetrable	firm, compact, close, hard, impervious, solid, thick
improbable	doubtful, implausible, unlikely, dubious, rare, uncertain
inasmuch as	since, insofar as, because, seeing that
inaugurate	start, bow, begin, open, commence, dedicate, initiate, invest
incapable	feeble, impotent, inadequate, unable, unfit, ineffective, incompetent
inception	outset, birth, commencement, start, beginning, dawn, initiation
incessant	ceaseless, continuous, constant, endless, eternal
inconsiderate	selfish, boorish, thoughtless, careless, careless, intolerant
inconvenience	bother, aggravation, disadvantage, annoy, trouble, drawback
incorporate	cover, absorb, include, involve, combine, assimilate
indicate	tell, announce, show, mean, argue, attest, card, designate, hint
infancy	start, childhood, babyhood, beginning, inception, start

inferior	lower, poor, less, menial, minor, minus, smaller, secondary
infidelity	affair, betrayal, cheating, duplicity, treason, adultery, bad faith
ingenious	inventive, clever, skillful, brilliant, able, artistic, bright, canny, creative
ingest	gulp, digest, down, drink, inhale, swallow, eat, consume
inhabit	abide, crash, locate, lodge, live, dwell, occupy, park, perch
inherent	natural, native, original, innate, inborn, resident, subjective
inhuman	cruel, barbaric, cruel, brutal, savage, devilish, hateful, malign
initial	beginning, foremost, inchoate, first, primary, incipient, leading
injection	dose, enema, needle, vaccine, booster, dram
injury	abuse, affront, harm, hurt, agony, bad, bite, blemish
innocuous	bland, flat, innocent, innoxious, harmless, safe, painless, insipid
inquire	look into, analyze, catechize, examine, ask, explore, feel out
inquiry	analysis, audit, check, request, query, question, research
insane	foolish, crazy, lunatic, mad, mentally ill, maniacal, mental
insignificant	worthless, casual, trivial, meaningless, immaterial, meager

insipid	banal, arid, dry, feeble, ordinary, plain, tedious, stupid, tired
insolvent	bankrupt, indebted, ruined, broken, failed, unbalanced, wiped out
institute	erect, install, found, set up, begin, bow, commence, initiate
instruct	apprise, coach, educate, teach, advise, guide, lead
intact	undamaged, complete, unharmed, unhurt, entire, flawless
interrogate	query, quiz, question, cross-examine, examine, inquire
in[of] the conviction	believe
in the event (that)	as long as, on condition, subject to, if, given, contingent upon
intestine	guts, innards, insides, bowels, vitals, viscera
intimate	familiar, friendly, close, near, close, cozy, dear, faithful, fond
invariably	customarily, unfailingly, always, constantly, regularly, habitually
juvenile	childish, adolescent, young, youthful, childlike, immature
lamentable	regrettable, unsatisfactory
lapse	oversight, failing, slip, sin, error, crime, blunder
lave	cleanse, bubble, wash, bathe, clean up, douse, soak, swab, wipe
lavish	bountiful, abundant, grand, opulent, plentiful, prodigal, prolific
legitimate	rightful, certain, authentic, lawful, legal, valid, proper, real

liberty	delivery, exemption, freedom, choice, license, opportunity
liquidate	clear, discharge, exchange, pay (out), cash, settle, wipe out
literate	cultivated, instructed, educated, schooled, learned
loath	abhor, decline, despise, unwilling, reluctant, detest, hate
locality, location	part, point, place, area, neighborhood, region
locate	discover, come across, establish, find, detect, position
libel	aspersion, defamation, lying, malicious, denigration
luminous	well-lighted, brilliant, shining, bright, crystal, effulgent
luncheon	lunch
magnitude	size, bulk, amount, compass, mass, expanse, extent
maintain	conserve, continue, control, advance, carry on, cultivate
malice	antipathy, bad blood, animosity, animus, bane, bile, bitterness
malicious	detrimental, envious, deleterious, despiteful, evil, spiteful
mash	chew, grind, pound, infuse, press, push, steep, brew
manifest	distinct, apparent, bold, obvious, evident, clear
manipulate	manage, mold, operate, handle, form, ply, shape, swing

margin	boundary, brim, brink, allowance, bound, compass, confine, edge
materialize	embody, emerge, appear, actualize, finalize, develop
mature	grown-up, complete, full-grown, ripe, cultivated, cultured,
maul	bang, beat, bash, claw, muscle, thrash, trample, skin
menace	chill, compromise, endanger, alarm, bully, intimidate, threat
mention	say, remark, declare, speak of, refer to, discuss, enumerate
migrate	immigrate, journey, leave, drift, emigrate, nomadize, range, roam
miscellaneous	conglomerate, different, assorted, confused, disordered, disparate
misdemeanor	transgression, violation , criminality, offense, misdeed, misconduct
misdirect	abuse, confound, blow, mess up, overlook, misuse
monotonous	tiresome, dull, flat, boring, tedious, repetitive, unvaried
monumental	unforgettable, prodigious, significant, stupendous, outstanding, tremendous
multitude	mob, heap, herd, crowd, horde, majority, mass,
necessitate	oblige, entail, force, call for, demand, impel, postulate, require
nevertheless	notwithstanding, regardless, nonetheless, still

nicety	detail, fine point, precision, rigor, shade, subtlety
nomadic	itinerate, migrant, drifting, gypsy, migratory, pastoral
noteworthy	important, exceptional, notable, noticeable, prominent
notion	approach, assumption, awareness, angle, apprehension, clue
notwithstanding	at any rate, but, despite, after all, against, for all that
nullify	annul, repeal, cancel, void, abolish, abrogate, undo
numerous	diverse, great, infinite, large, big, copious, legion
nuptial	bridal, marital, married, connubial, wedded, wedding
nurture	rear, educate, bring up, raise, foster, instruct, nourish, nurse
oblivious	absorbed, abstracted, absent, absentminded, amnesic, forgetful
obtain	achieve, annex, access, accomplish, attain, get
occasionally	at random, at times, at intervals, every so often, sometimes
offense	delinquency, breach, crime, fault, infraction, lapse, malfeasance
opportune	auspicious, convenient, appropriate, apt, favorable, felicitous
overt	apparent, clear, definite, visible, patent, public, obvious
paragon	ideal, model, apotheosis, archetype, example

paramount	greatest, cardinal, chief, capital, commanding, highest, main
partially	partly, somewhat, to a certain, piecemeal, to a certain extent,
participate	cooperate, engage, concur, partake, take part, join, share
passage(way)	alleyway, access, alley, avenue, channel, corridor, course
pass away	depart, drop, die, demise, perish, succumb
patriot	partisan, patrioteer, loyalist, nationalist
patronage	backing, sponsorship, aid, advocacy, support
peculiar	bizarre, weird, odd, strange, queer, abnormal
perform	carry out, fulfil, do, execute, conduct, implement,
permanent	enduring, perpetual, lasting, everlasting, eternal
peruse	study, read (carefully),scrutinize, inspect
perversion	anomaly, debauchery, fetish, anomaly, kink
portion	section, chunk, segment, share, part, fragment
possess	have, hold, keep, acquire, maintain, own
predicament	fix, plight, dilemma , clutch, hole, juncture, hardship

predict	foretell, anticipate, augur, adumbrate, omen
present	boon, bounty, compliment, gift, benevolence, donation
presentable	attractive, decent, fit, acceptable, okay, proper, satisfactory
preserve	maintain, care for, conserve, protect, keep
presume	surmise, conjecture, assume, suppose, speculate
previously	before, in the past, formerly, earlier, at one time
prime	primary, supreme, main, chief, top, first-rate
prior	antecedent, preparatory, preceding, foregoing,
privy	buried, covert, hidden, personal, private, concealed
proceed	journey, march, go (ahead),advance, continue, go on, move on
profound	philosophical, penetrating, recondite, reflective, sagacious, sage
prohibit	bar, obstruct, forbid, ban, outlaw, preclude, prevent, proscribe
promenade	saunter, wander, walk, stroll, amble, breather
prosperous	rich, successful, opulent, affluent, booming, well-off
prostrate	abject, prone, reclining, procumbent, recumbent, supine

provided (that)	if, in the event that, on condition that, allowing that
provoke	affront, aggravate, anger, abet, abrade, annoy, bother, irritate
proximity	concurrence, contiguity, nearness, closeness, contiguousness,
prudent	cautious, circumspect, canny, careful, discerning, discreet
purchase	attain, come by, cop, achieve, acquire, deal in, earn, buy
pursuit	quest, inquiry, chase, hunt, seeking, stalk, trail
putrefy	corrupt, decay, spoil, taint, stink, go bad, bread down
radiant	effulgent, gleaming, beaming, brilliant, glittering, glorious
rarely	not often, little, seldom, barely, hardly, uncommon
recall	bethink, bring to mind, arouse, awaken, call to mind, remember
recently	just now, lately, short while, afresh, anew,
reciprocate	correspond, feel in return, barter, be equivalent, interchange
refer to	advert, allude, ascribe, accredit, adduce, assign
refine	clarify, distill, filter, process, strain, cleanse
regret	bemoan, be sorry, deplore, apologize, deprecate, grieve
relate	ally, appertain, affect, apply, ascribe, assign, associate

remark	espy, heed, declare, descry, make out, mark
remedy	ameliorate, aid, alleviate, amend, assuage
remote	apart, detached, alien, alone, exclusive, extraneous, extrinsic
remuneration	pay, reimbursement, commission, compensation, reward, wage
render	depict, display, do, carry out, delineate, evince, exhibit
rendition	delivery, construction, arrangement, presentation, performance
reproach	condemn, criticize, admonish, chide, disparage, find fault with
reprove	berate, castigate, admonish, bawl out, censure, scold
resemble	duplicate, match, mirror, look like, approximate, parallel, simulate
reside	dwell, stay inhabit, abide, live, occupy, settle, sojourn,
resilient	effervescent, elastic, flexible, airy, buoyant, pliable
resist	assault, battle, defy, antagonize, assail, fight
resound	boom, echo, reproduce, ring, vibrate, reverberate
response	feedback, reply, retort, answer, echo, riposte
resume	recapitulate, start again, carry on, continue, regain
retain	grasp, keep, clutch, contain, hold, save, withhold

retire	relinquish, remove, repeal, recede, regress, rescind, resign, retreat
reverse	contradictory, contrary, converse, contradiction, counter
revert	turn back, return, backslide, go back, regress, resume
revitalize	cheer, prompt, repair, revive, restore, replenish
revoke	annihilate, annul, call off, abate, abrogate, cancel
rudiment(s)	basics, beginnings, ABCs, elements, essentials, foundation,
secure	immune, safe, impregnable, defended, guarded, guarded,
seduce	mislead, hook, induce, inveigle, entice, entrap, tempt, lure
seek	delve, explore, inquire, look for, chase, investigate, try
shortly	in a little while, soon, presently, before long, proximately, quickly,
shove	dig, drive, boost, buck, poke, press, prod, thrust
skeptical	dissenting, doubtful, agnostic, cynical, dubious, suspicious
solicit	approach, beg, accost, apply, ask, entreat, implore
specimen	example, pattern, sort, case, sample, species, type
splendid	grand, lavish grandiose, glowing, gorgeous, imposing, impressive
stagnant	filthy, foul, dead, dormant, idle, immobile, still, motionless, inactive

stampede	chase, hurry, run, shoot, smash, crash, dash, charge
subsequent (to)	consequent, consequential, after, consecutive, ensuing, following
subside	sink, go down, ebb, abate, collapse, quiet down
sufficient	common, competent, copious, commensurate, decent, due, enough
superb	super, superior, superlative top–class, stunning, sublime
superior	capital, choice, dandy, above, admirable, deluxe, distinguished
superlative	highest, best, unparalleled, accomplished, finest, unrivaled
supplementary	added, ancillary, additional, accompanying, appended, auxiliary,
suppress	conceal, conquer, contain, interrupt, overcome, put down, silence, spike
surmount	hurdle, overcome, subdue, conquer, defeat, tide over
surpass	exceed, excel, overpass, beat, better, surmount
suspect	conjecture, doubt, assume, conceive, presume, question
suspend	eject, eliminate, exclude, defer, discontinue, file, halt, hang
sustain	take it, tolerate, stand, suffer, undergo, withstand
swank	deluxe, exclusive, flashy, fashinable, fancy, lavish, luxurious

sycophant	flunky, yes-man, adulator, backslapper, fan,
synopsis	summary, abstract, compendium, abridgment, epitome
synthetic	counterfeit, fabricated, factitious, artificial, constructed, unnatural
take place	occur, transpire, befall, come about, come to pass, happen,
tardy	delayed, delinquent, belated, dawdling, detained, dilatory slow
taunt	insult, jeer, mockery, outrage, reproach, sarcasm, ridicule
tempest	convulsion, cyclone, disturbance, bluster, chaos, storm, uproar
terminate	achieve, adjourn, annul, abolish, abort, bounce, bound, end, stop
torment	anguish, annoyance, affliction, agony, bane, bother, pain
transcribe	engross, interpret, decipher, duplicate, note, record, render
transmit	bear, bequeath, address, break, broadcast, carry, channel, conduct
traverse	negotiate, overpass, bridge, cross, pass through
treachery	betrayal, fake, infidelity, trick, dodge, duplicity
turmoil	anxiety, anxiousness, agitation, ailment, bustle, commotion
uneasy	alarmed, all nerves, anguished, afraid, agitated, apprehensive
uneven	broken, disparate, disproportionate, irregular, rough, bumpy

unguarded	casual, heedless, imprudent, careless, impulsive, thoughtless
unhealthy	sick, ill, diseased, poorly, shaky, weak, unsound
unlikely	contrary, doubtful, absurd, dubious, faint, implausible, improbable
unmitigated	complete, oppressive, perfect, rank, rigid, severe, sheer, thorough
unpleasant	distasteful, irksome, nasty, abhorrent, offensive
unscrupulous	immoral, crafty, crooked, corrupt, dishonest, ruthless
unswerving	firm, staunch, steadfast, dedicated, devoted, steady
untidy	disheveled, messy, careless, chaotic, shaggy
untoward	disturbing, disastrous, contrary, annoying, inconvenient
untrue	deceitful, deceptive, apocryphal, cheating, delusive, deviant
unusual	amazing, astonishing, atypical, abnormal, rare, odd, strange
unwell	ill, impaired, ailing, feeble, invalid, sick, upset
unwise	immature, imprudent, silly, stupid
upheaval	cataclysm, childish, foolish, clamor, commotion, disorder, riot, misrule
uppermost	executive, foremost, greatest, boss, dominant, high-up, leading
upsurge	boom, rise, upswing, upturn, advance, improvement

utensil	contrivance, convenience, apparatus, appliance, device, gadget
utilize	appropriate, avail oneself of, advance, apply, bestow
vacant	bare, devoid, empty, blank, idle, unoccupied, void
vacillate	alternate, hover, fluctuate, oscillate, waver, wobble
vagrant	homeless person, itinerant, drifter, floater, transient, wanderer
vain	boastful, arrogant, egocentric, haughty, ostentatious, proud
valiant	audacious, bold, adventurous, assertive, chivalrous, courageous
validate	certify, confirm, endorse, approve, prove, justify
valor	courage, dash, defiance, bravery, boldness, determination
valorous	bold, brave, chivalrous, adventurous, daredevil, daring
vanish	dissolve, exit, fade, clear, disappear, melt
vanquish	crush, humble, overcome, beat, conquer, overpower, overwhelm
vaporize	dissipate, evaporate, volatize, boil, aerate
varied	discrete, diverse, sorted, conglomerate, heterogeneous
vary	convert, depart, deviate, alter, alternate, differ, digress, disagree
vaunt	crow, display, boast, brag, exhibit, flaunt, strut

veer	curve, deflect, avert, change, shift, swing, turn
vegetation	flowers, grasses, greenery, crops, flora, shrubs, herbs
vegetate	decay, exist, idle, hibernate, weaken, languish
vehemence	fervor, passion, zeal, frenzy, intensity
vehement	intense, ardent, desperate, forceful, fierce, eager, earnest
vehicle	channel, medium, instrument, means, tool, apparatus
velocity	rapidity, quickness, dispatch, speed, pace, expedition
venerable	respectable, august, dignified time-honored, holy, honorable,
veneration	esteem, honor, admiration, adoration, respect
vengeance	counterattack, avengement, revenge, retaliation, retribution
vengeful	hostile, relentless, inimical, hating, spiteful, revengeful
venomous	dangerous, harmful, toxic, poisonous, baleful, hostile
venture	bet, brave, challenge, advance, attempt, dare, risk
veracious	accurate, credible, dependable, true, truthful, direct, ethical, factual
veracity	accuracy, actuality, truth, truthfulness, authenticity, candor

verbal	expressed, lingual, literal, oral, spoken, rhetorical, said, stated
verbalize	express, put into words, chat, say, speak, communicate, articulate
verbally	orally, spoken
verbatim	directly, literally, exactly, accurately, direct, precisely
verdant	lush, flourishing, fresh, green, grassy, leafy
verification	confirmation, credentials, proof, certification, deposition, documents
veritable	true, actual, genuine, authentic, real, factual
vernacular	slang, cant, dialect, jargon, lingo, speech, tongue
verruca	growth, blemish, mole, spot, excrescence
versatile	all-around, able, accomplished, gifted, many-sided, adaptable
vertex	crown, top, apogee, cap, cope, crest, acme, apex, culmination
vessel	boat, bottom, craft, tanker, ship, bark, tub
vestment	clothing, covering, dress, gear, clothes, garment, uniform
viable	workable, practicable, reasonable, alive, living, applicable, feasible
vicinity	environment, district, locality, neighborhood, range, region
vicious	evil, wicked, mean, cruel, corrupt, wrong, dangerous, heinous

victimize	swindle, deceive, defraud, cheat, fool, exploit, hoax
vigilant	watchful, acute, agog, attentive, careful, alert, aware, cautious
vigorous	robust, lusty, powerful, lively, energetic, brisk, dynamic
villainous	evil, wicked, sinful, satanic, criminal, atrocious, crooked, vile
virile	energetic, forceful, vigorous, vital, strong, robust, macho
virtually	in effect, basically, practically, essentially, fundamentally
virtuous	noble, blameless, chaste, righteous, upright, faithful
visage	countenance, expression, face, appearance, features, look, mien
vivacious	spirited, cheerful, ebullient, lively, animated, exuberant, jolly
volatile	fickle, capricious, explosive, changeable, flippant
volition	choice, desire, option, discretion, purpose, resolution, selection
voluminous	bulky, massive, copious, vast, ample, numerous
voluptuous	enticing, sexual, erotic, appealing, attractive, pleasure-loving
voracious	ravenous, greedy, devouring, avid, covetous, insatiable
voyage	trek, tour, sail, trip, journey, excursion, travel, flight
vulgar	nasty, obscene, boorish, coarse, profane, ill-mannered

vulnerable	unguarded, accessible, weak, unprotected, susceptible
vulture	collector, magpie, rat, hyena
waive	resign, disclaim, drop, yield, defer, forgo, give up
wake	path, track, aftermath, furrow, train, course, trail, track
wander	deviate, diverge, drift, amble, cruise, roam, rove
warrant	affirm, approve, guarantee, assure, pledge, justify, authorize,
waste	rubbish, refuse, garbage, trash, junk, litter, dregs
watchful	careful, cautious, keen, observant, guarded, prepared, wary, attentive
wealthy	opulent, rich, well-off, affluent, independent, prosperous
wearisome	laborious, strenuous, exhausting, fatiguing, toilsome
wholehearted	bona fide, candid, genuine, sincere, authentic, hearty
willful	determined, headstrong, intentional, stubborn, obstinate, intended
withdraw	draw back, take back, leave, adjure, exit, extract, quit
wither	atrophy, dry out, fade, shrivel, droop, decline, wane
withering	blast, collapse, decay, fade, shrink, contract, atrophy
withhold	abstain, check, conceal, hold (back), keep (back), constrain, curb

withstand	brave, confront, contest, endure, bear, defy, face, resist, combat,
woeful	tragic, grievous, sad, terrible, afflicted, sorrowful, pitiful
worrisome	disturbing, agonizing, annoying, anxious, troublesome, burdensome
wrath	fury, anger, rage, acrimony, exasperation, indignation
wrathful	indignant, angry, furious, enraged, incensed, mad, infuriated, irate
wreath	circlet, crown, ring, band, bay, bouquet, loop
wreckage	remnant, ruins, rubble, remains, debris, rubbish, wreck
writhe	twist, distort, suffer, contort, recoil, thrash, struggle
wrongful	illicit, immoral, improper, criminal, illegitimate, unfair, unjust, dishonest
yield	surrender, abandon, resign, give in[up], give way, relinquish
youthful	puerile, young, boyish, adolescent, juvenile, girlish
zenith	peak, apogee, climax, acme, apex, crest, pinnacle, top
zodiac	loop, round figure, band, compass, cycle, crown, sphere, turn

저자소개

■ 조동인 약력

외대 영어과 졸
뉴욕주립대 석사
외대 박사
현, 인하공전 어학교양학부
영어담당 교수

■ 이중희 약력

동국대학교 졸
경희대 관광경영학 석사
현, (주) 다모아 여행사 부사장